영혼이 숨쉬는 독일어 관용구

Redewendungen

지은이
현희 교수와
강민희·강수녕·나용성·박서희
이경언·조혜윰·최영재·한다영

그림 | 고효주
채색 | 구수민

도서출판 양서각

영혼이 숨쉬는 독일어 관용구
Redewendungen

지은이
현희 교수와
강민희·강수녕·나용성·박서희
이경언·조혜윱·최영재·한다영

그림 | 고효주
채색 | 구수민

초판 발행일 2018년 11월 30일
ISBN 978-89-5568-478-0
책 가격 10,000원

펴낸곳 | 도서출판 양서각
주소 | 서울특별시 도봉구 도봉로135길 10
전화 | 02-991-6234~5
팩스 | 02-907-2114

펴낸이 | 신대영
기획편집 | 신동해·하해란

머리말

학생들의 독일어 수준이 점점 높아지고 있습니다. 그럴수록 사전적 의미로는 파악할 수 없는 표현들과 마주치게 됩니다. 바로 관용구들입니다. 2017년에 숭실대학교 독어독문학과 4학년 독일어수업에서 관용구를 중심으로 다루었습니다. 이 수업에서는 관용구의 뜻을 숙지하고 연습하는 것에 머무르지 않고, 독일 문화와 시대사조의 배경을 이해하기 위해 학생들과 함께 '독일어 관용구의 유래 탐구'에 집중하였습니다. 학생들은 조별로 나누어 하나의 주제마다 다양한 관용구를 선택하여 독일어로 유래를 조사하고, 예문을 찾았습니다. 매주 수업시간에 발표된 관용구의 유래 및 용례를 묶어 이번에 한권의 책으로 출판하게 되었습니다. 이를 위해 학생들은 여름방학을 활용하여 매주 서너 차례 만나 작업하였습니다. 지난 여름의 폭염보다 학생들의 열정은 더 뜨거웠습니다.

관용구마다 그 유래를 찾기 힘든 것도 있었고, 잘못 알려져 있는 유래도 발견할 수 있었으며, 더구나 한 관용구가 다양한 유래를 품고 있어 하나로 정리하기 어려운 것도 있었습니다. 적확한 관용구의 유래를 찾기 위해 많은 독일어 문헌을 참고하였습니다. 이 책에 소개된 관용구는 독일의 일상생활에서 사용되는 것으로 독일 문화를 이해하기 위해 도움이 될 만한 것들로 선정했습니다. 미흡한 부분 지적해 주시면 학생들과 함께 다시 공부하는 자세로 독일어 관용구를 다듬어 나가겠습니다. 학생들에게 많은 격려 부탁드립니다.

학생과 교수가 함께 이마를 맞대고 만든 이 책은 참여한 학생들에게는 좋은 추억이 될 것입니다. 또한 독일어 학습자 여러분에게는 관용구를 쉽고 재밌게 접근하여, 독일 문화를 흥미롭게 만날 수 있는 기회가 되기를 바랍니다.

출판사 신동해 선생님께서 열린 마음으로 학생들의 가능성을 믿고 출판을 허락해 주시어 학생들의 열정이 결실을 맺게 되었습니다. 함께한 양서각 출판사 분들에게도 감사드립니다.

2018년 10월

— 현 희 —

차례

책의 구성

앞쪽에는 독일어 관용구가 도입됩니다. 관용구의 직역을 그림으로 표현합니다. 그림 아래에 직역이 나오고, 관용구의 뜻을 묻는 퀴즈를 통해 관용구의 뜻을 생각하게 해 줍니다.

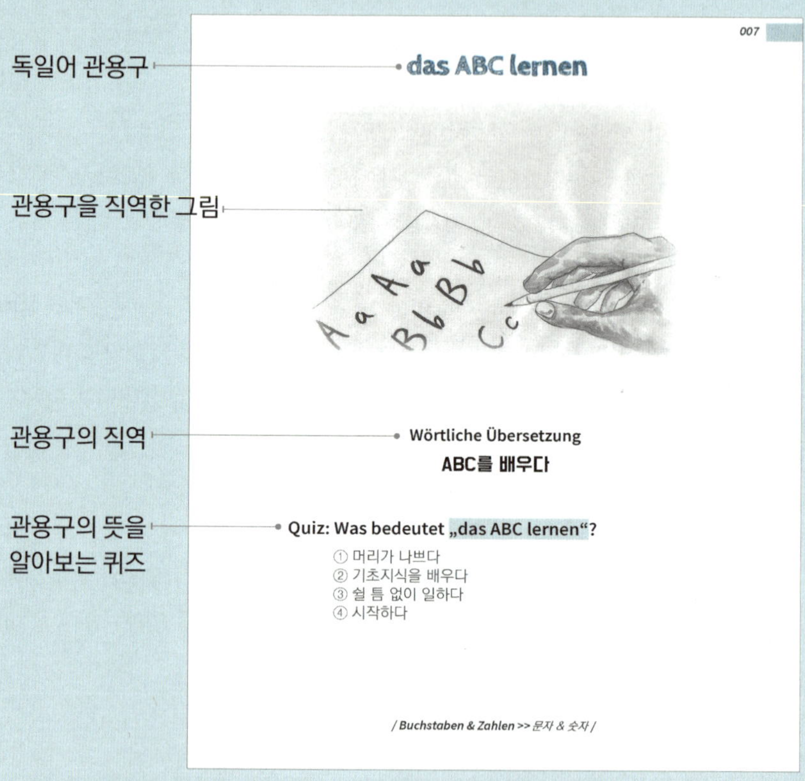

뒷면에는 관용구의 뜻과 유래가 소개됩니다. 그 다음 예시를 들어 관용구의 활용도를 알아봅니다. 관용구와 비슷한 표현을 제시하고, 단어장을 마련하여 사전 없이도 예시를 이해할 수 있도록 하였습니다.

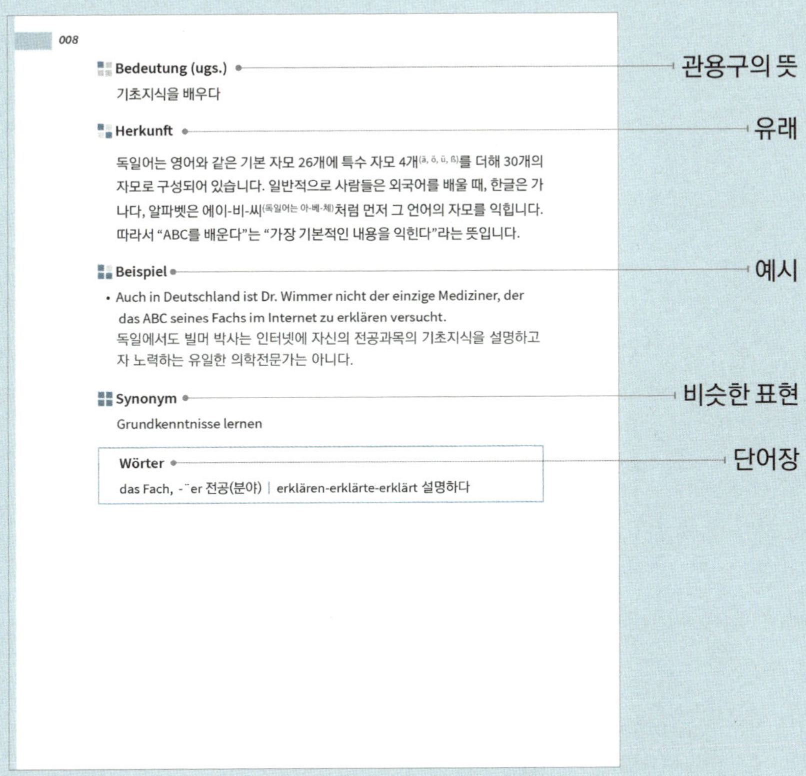

■ 약어 목록

G. – Genitiv
etw. – etwas
sg. – singular
pl. – plural
jd. – jemand
jm. – jemandem
jn. – jemanden
usg. – umgangssprachlich

Buchstaben&Zahlen

- [ ] das ABC lernen
:
- [ ] ein Buch mit sieben Siegeln
:
- [ ] nach Schema F
:
- [ ] unter vier Augen
:
- [ ] fünftes Rad am Wagen
:
- [ ] auf Wolke sieben schweben
:
- [ ] das Tüpfelchen auf dem i
:
- [ ] aus dem FF(Effeff) können
:
- [ ] das A und O
:
- [ ] sich auf seine vier Buchstaben setzen
:
- [ ] jm. ein X für ein U vormachen
:

das ABC lernen

Wörtliche Übersetzung

ABC를 배우다

Quiz: Was bedeutet „das ABC lernen“?

① 머리가 나쁘다
② 기초지식을 배우다
③ 쉴 틈 없이 일하다
④ 시작하다

Bedeutung (ugs.)

기초지식을 배우다

Herkunft

독일어는 영어와 같은 기본 자모 26개에 특수 자모 4개(ä, ö, ü, ß)를 더해 30개의 자모로 구성되어 있습니다. 일반적으로 사람들은 외국어를 배울 때, 한글은 가나다, 알파벳은 에이-비-씨(독일어는 아-베-체)처럼 먼저 그 언어의 자모를 익힙니다. 따라서 "ABC를 배운다"는 "가장 기본적인 내용을 익힌다"라는 뜻입니다.

Beispiel

- Auch in Deutschland ist Dr. Wimmer nicht der einzige Mediziner, der das ABC seines Fachs im Internet zu erklären versucht.
  독일에서도 빌머 박사는 인터넷에 자신의 전공과목의 기초지식을 설명하고자 노력하는 유일한 의학전문가는 아니다.

Synonym

Grundkenntnisse lernen

Wörter

das Fach, -¨er 전공(분야) | erklären-erklärte-erklärt 설명하다

ein Buch mit sieben Siegeln

Wörtliche Übersetzung

7개의 인장이 있는 책

Quiz: Was bedeutet „ein Buch mit sieben Siegeln"?

① 이해할 수 없는 일
② 무지개
③ 그럴 듯한 거짓말
④ 엉터리

Bedeutung (ugs.)

이해할 수 없는 일, 수수께끼, 비밀

Herkunft

성경 신약성서의 요한 계시록 5장 1절에는 “내가 보매 보좌에 앉으신 이의 오른손에 두루마리가 있으니 안팎으로 썼고 일곱 인으로 봉하였더라(ein Buch, beschrieben innen und außen, versiegelt mit sieben Siegeln).”라는 구절이 있습니다. 오직 예수만 열 수 있는 7개의 인장들은 하나씩 풀릴 때마다 어마어마한 재앙을 불러온다고 합니다. 여섯 번째 인장이 풀리면 땅이 흔들리고 태양은 어두워지고 달은 피처럼 붉어지며 별은 땅으로 떨어진다고 쓰여있습니다.

“7개의 인장이 있는 책(ein Buch mit sieben Siegeln)”은 접근하기 힘들고 이해하기 어렵다는 비유적인 표현이 되어 “비밀이나 밝혀지지 않은 수수께끼 혹은 불가사의한 일”을 의미하게 되었습니다.

Beispiel

- Für mich bleibt der Vorfall im letzten Sommer noch ein Buch mit sieben Siegeln.
  나에게 작년 여름의 사건은 아직도 수수께끼로 남았다.
- Verstehst du diese Frage? Für mich ist Physik ein Buch mit sieben Siegeln.
  이 문제 이해하니? 나한테 물리학은 수수께끼 같아.

Synonym

etw. Unverständliches / Unbekanntes

Wörter

der Vorfall, -¨e 사건 | die Physik (sg.) 물리학

nach Schema F

Wörtliche Übersetzung

F형식에 따라서

Quiz: Was bedeutet „nach Schema F“?

① 낙제하다
② 기계적으로 행동하다
③ 문서를 작성하다
④ 낙서하다

Bedeutung (ugs.)

기계적으로, 생각 없이 행동하다

Herkunft

19세기 프로이센의 재상 비스마르크는 오로지 철과 피, 즉 무기와 군사력만이 해결책이라는 철혈정책(Blut und Eisen Politik)을 펼치고 강한 군대를 만드는데 주력합니다. 이 과정에서 그는 군사력에 대한 보고서(Fontrapport)를 작성할 때 일관성을 유지하기 위해 한 가지 형식으로만 작성하도록 명령했습니다. 그것이 오늘날까지 이어져 군대 뿐만 아니라 관공서나 행정 기관에서도 예외 없이 Schema F가 쓰이게 되었습니다. 그 때문에 한 가지 형식에 얽매여 일의 효율성이 떨어지는 부작용이 생겼습니다. 이렇게 Schema F는 관료주의적인 관습에서 볼 수 있는 부정적인 측면을 대변하게 되어 창의력이 결여된 채 그저 생각 없이 기계적으로 행동하는 것을 의미하게 되었습니다.

Beispiel

- Arbeiten, die nach Schema F ablaufen, sind durch einfache und immer gleiche Lösungen zu erledigen. Deswegen sind sie meistens langweilig und eintönig.
  기계적으로 하는 업무들은 단순하고 항상 변함없는 해결책을 통해 처리된다. 그 때문에 대개 지루하고 단조롭다.

Synonym

routinemäßig; mechanisch

Wörter

immer gleich 변함없는 | erledigen-erledigte-erledigt 처리하다
eintönig 단조로운

unter vier Augen

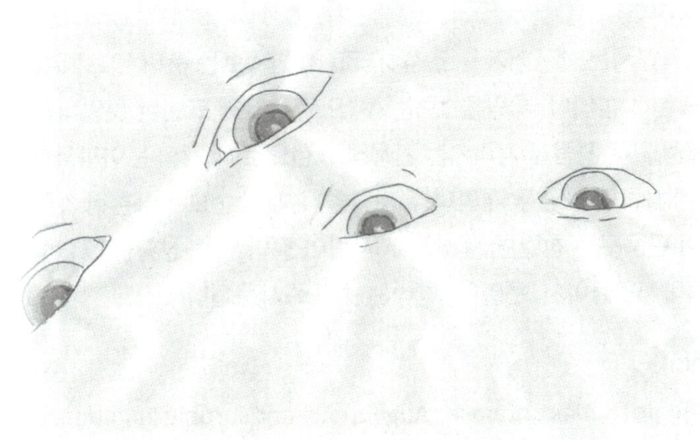

Wörtliche Übersetzung

4개의 눈 아래에서

Quiz: Was bedeutet „unter vier Augen"?

① 보는 눈이 많은
② 관찰하는
③ 눈치를 보는
④ 단 둘이서

Bedeutung (ugs.)

단 둘이서, 은밀하게, 마주 앉아

Herkunft

우리나라에서는 행동거지를 조심하라고 할 때 "보는 눈이 많으니 조심해라" 라는 표현을 씁니다. 사람을 "보는 눈"으로 비유해 표현한 것입니다. 이처럼 독일에서도 두 사람을 가리키는 관용적 표현으로 네 개의 눈이라고 흔히 말합니다. 한 사람의 눈이 두 개이니 두 사람을 네 개의 눈으로 표현한 것이지요. 특히 이 관용구는 친밀한 관계의 두 사람이 같이 있는 상황을 표현할 때 많이 사용하며 "단 둘이서, 은밀하게" 라는 뜻으로 사용됩니다.

Beispiel

- Wir sind doch hier unter vier Augen, du kannst ruhig zugeben, dass du dich in deine Kollegin verliebt hast!
  여기 우리 둘 뿐이야, 네 동료와 사랑에 빠졌다고 마음 놓고 인정해도 돼.
- Über dieses Thema sollten wir noch einmal unter vier Augen sprechen.
  이 주제에 대해서는 우리 단 둘이서 한번 더 얘기해 보는 것이 좋겠어.

Synonym

nur zu zweit; ohne weitere Zuhörer oder Zuschauer

Wörter

ruhig 조용히, 마음 놓고, 안심하고

zugeben-gab zu-zugegeben 인정하다, 시인하다

fünftes Rad am Wagen

Wörtliche Übersetzung

자동차의 다섯 번째 바퀴

Quiz: Was bedeutet „fünftes Rad am Wagen“?

① 행운의 상징
② 예방책
③ 불필요한 것
④ 우두머리

Bedeutung (ugs.)

불필요한 것, 달갑지 않은 것

Herkunft

이 관용구는 11세기 라틴어 속어집의 한 구절, "성가신 사람은 마차의 다섯 번째 바퀴이다(Wer uns lästig ist, der ist uns das fünfte Rad am Wagen)."에서 유래하였습니다. 일반적으로 마차는 4개의 바퀴를 갖고 있습니다. 바퀴 4개로 잘 달리는 마차에 바퀴를 하나 더 달아도 그다지 큰 도움이 되지 않겠지요. 바로 여기에서 "자동차의 다섯번째 바퀴(fünftes Rad am Wagen)"는 "불필요한 것" 이라는 의미로 쓰이게 된 것입니다.

Beispiel

- Er hatte mich früher als seinen Freund und Ratgeber geschätzt, aber jetzt behandelt er mich wie das fünfte Rad am Wagen.
  그는 이전에 나를 친구이자 조언자로 여겼지만 이제는 불필요한 사람처럼 대한다.

Synonym

überflüssig; unerwünscht

Wörter

der Ratgeber, - 조언자 | schätzen-schätzte-geschätzt 평가하다, 여기다
behandeln-behandelte-behandelt 다루다, 취급하다

auf Wolke sieben schweben

Wörtliche Übersetzung

7번째 구름 위에 떠있다

Quiz: Was bedeutet „auf Wolke sieben schweben"?

① 행복하다
② 지나치다
③ 어지럽다
④ 잊어버리다

Bedeutung (ugs.)

매우 행복하다, 사랑에 빠지다

Herkunft

그리스 철학자 아리스토텔레스를 비롯해 아브라함을 기원으로 하는 종교; 기독교, 유대교, 이슬람교에서는 하늘이 일곱 개의 층으로 이루어져 있다고 생각했습니다. 고린도후서 12장 2절, “내가 그리스도 안에 있는 한 사람을 아노니 그는 십사 년 전에 셋째 하늘에 이끌려 간 자라(Ich kenne einen Menschen in Christo; vor vierzehn Jahren ward derselbe entzückt bis in den dritten Himmel).”을 보아도 하늘이 나눠져있는 것을 알 수 있습니다. 외경(성경의 정경 선정에서 인정받지 못한 문서들) 이사야 승천기에서는 보다 더 구체적으로 일곱 번째 구름에는 신과 천사들이 살고 있다고 묘사하고 있습니다. 만약 누군가가 일곱 번째 구름 위를 떠다닌다면 행복이 가득한 상태라고 생각할 수 있겠네요. 이 관용구는 특히 사랑에 빠진 상태를 나타낼 때 쓰이며 “일곱 번째 하늘에 있다(im siebten Himmel sein)”는 일반적인 상황에서 기쁨이 넘치는 상태를 나타냅니다.

Beispiel

- Als du mir gesagt hast, du liebst mich, schwebte ich auf Wolke sieben.
  네가 나에게 사랑한다고 말했을 때, 나는 너무 황홀했어.
- Meine Tochter hat endlich eine Arbeitsstelle bekommen und gestern den Arbeitsvertrag unterschrieben. Nun schwebt sie auf Wolke sieben.
  딸이 드디어 직장을 구했고, 어제 고용계약서에 서명했어요. 지금 말할 수 없는 행복에 젖어 있어요.

Synonym

verliebt sein; sehr glücklich sein

Wörter

die Arbeitsstelle, -n 직장, 일자리 | der Arbeitsvertrag, -¨e 고용계약서
unterschreiben-unterschrieb-unterschrieben 서명하다

das Tüpfelchen auf dem i

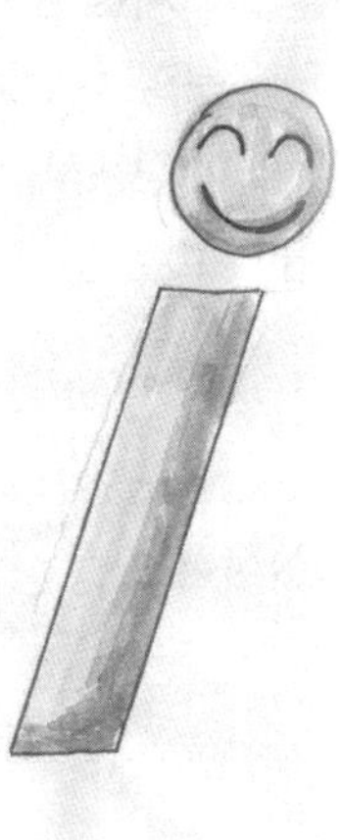

Wörtliche Übersetzung

문자 i 위의 작은 점

Quiz: Was bedeutet „das Tüpfelchen auf dem i"?

① 옥의 티
② 화룡점정
③ 다 차린 밥상에 숟가락 얹기
④ 누워서 떡 먹기

*/ **Buchstaben & Zahlen** >> 문자 & 숫자 /*

Bedeutung (ugs.)

화룡점정, 마무리 손질

Herkunft

알파벳 소문자 I(i), T(t), L(l)을 필기체로 쓰면 서로 비슷한 모양입니다. *l*위에 점을 찍어야 i를 다른 알파벳과 구분할 수 있죠. i 위에 찍힌 작은 점이 비로소 i를 완성시키는 것입니다. 그래서 이 관용구는 "어떤 것을 완벽하게 하는 보충물" 즉, "화룡점정"이라는 뜻을 갖고 있습니다.

Beispiel

- Der Senf verleiht der Wurst das Tüpfelchen auf dem i.
  소시지에는 겨자소스가 화룡점정이다.

Synonym

der krönende Abschluss

Wörter

der Senf, -e 겨자 | verleihen-verlieh-verliehen 부여하다
krönen-krönte-gekrönt 관를 씌우다

aus dem FF(Effeff) können

Wörtliche Übersetzung

FF로 무엇을 할 수 있다

Quiz: Was bedeutet „aus dem FF(Effeff) können"?

① 시험에 불합격하다
② 무엇을 매우 잘하다
③ 허세를 부리다
④ 상상하다

Bedeutung (ugs.)

무엇을 매우 잘하다

Herkunft

F학점, F층 같은 부정적인 이미지와 반대로 지금 말하고자 하는 “ff”는 긍정적인 뜻을 갖고 있습니다.

6세기 동로마 제국의 유스티니아누스 황제는 로마법 대전 중 하나인 판덱텐(Pandekten/πανδέκτης/학설휘찬)을 편찬하였습니다. 당시 사람들은 π를 판덱텐의 약어로 썼습니다. 그런데 그리스 문자에 익숙치 않은 유럽인들은 π를 ff로 생각을 했습니다.

18세기에 들어서 판덱텐은 신생 유럽 국가들에게 법률 체계의 기반이 됩니다. 판덱텐은 오랫동안 전해져 내려온 로마인들의 지식이자 법으로서, 법에 아주 정통한 법률가에게 "'ff'를 잘 외웠다" 라고 하는 표현이 있을 정도였습니다. 이 관용구가 시간이 흐르며 의미가 확장되어 지금은 법률 뿐 아니라 무엇에 능통할 때 사용하고 있습니다.

Beispiel

- Nachdem ich den Gitarrengriff drei Wochen lang geübt habe, kann ich ihn jetzt aus dem FF!
  기타 코드 잡는 연습을 3주동안이나 한 후에야 비로소 눈감고도 할 수 있게 되었어.

Synonym

sehr gut; besonders gut

Wörter

nachdem 이후에 | der Griff, -e 코드, 붙잡음 | üben-übte-geübt 연습하다

das A und O

Wörtliche Übersetzung

A와 O

Quiz: Was bedeutet „das A und O"?

① 시작과 끝
② 고정관념
③ 조잡한 물건들
④ 계획

Bedeutung (ugs.)

시작과 끝, 가장 중요한 것

Herkunft

우리는 "처음부터 끝까지"라는 의미로 "하나부터 열까지"라고 말합니다. 같은 의미로 독일에서는 „von A bis Z(A부터 Z까지)"라고 합니다. 이 관용구는 그리스 문자가 A(Alpha, 알파)로 시작하여 Ω(Omega, 오메가)로 끝나 "시작과 끝"이라는 뜻으로 쓰입니다. 이외에도 "가장 중요한 것"이라는 뜻을 갖고 있습니다. 그 이유는 신약성서 요한계시록 1장 8절에서 찾아볼 수 있는데요. "주 하나님이 이르시되 나는 알파와 오메가라 이제도 있고 전에도 있었고 장차 올 자요. 전능한 자라 하시더라(Ich bin das A und das O, spricht Gott der Herr, der da ist und der da war und der da kommt, der Allmächtige)." 이처럼 하나님이 자신을 알파와 오메가라 지칭하고 있습니다.

Beispiel

- Wenn man sich schnell in einem fremden Land zurechtzufinden will, ist das Sprachen lernen das A und O.
  다른 나라에서 빨리 자리를 잡으려면, 언어 습득이 가장 중요하다.
- Eine ausgewogene Ernährung ist das A und O für ein gesundes Leben.
  건강한 삶의 시작과 끝은 균형 있는 식단에 달려있다

Synonym

das Alpha und das Omega; die Hauptsache

Wörter

sich zurechtfinden-fand zurecht-zurechtgefunden 익숙해지다
ausgewogen 균형있는 | die Ernährung, -en 영양섭취

sich auf seine vier Buchstaben setzen

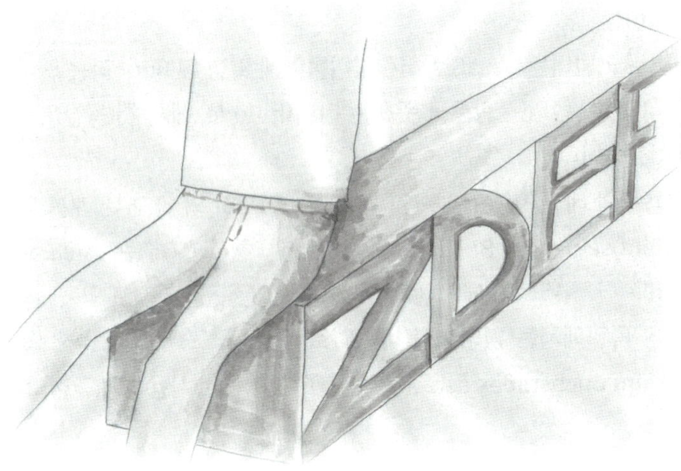

Wörtliche Übersetzung

자신의 네 글자에 앉다

Quiz: Was bedeutet „sich auf seine vier Buchstaben setzen"?

① 앉다
② 독서하다
③ 편안하게 쉬다
④ 글을 쓰다

Bedeutung (ugs.)

앉다

Herkunft

독일어로 엉덩이는 Gesäß로 어린아이들에게 말할 때 Popo라는 단어를 쓰기도 합니다. 이 단어는 항문을 뜻하는 라틴어 Podex에서 첫 음절이 확장되어 만들어졌습니다.

이 관용구의 네 글자(vier Buchstaben)는 바로 이 Popo의 글자 네 개를 말합니다. „sich auf seine vier Buchstaben setzen(네 글자 위에 앉다)"는 „sich auf Popo setzen(엉덩이 위에 앉다)"가 되어 앉다, 착석하다라는 뜻을 가지고 있습니다.

또 남부 독일에서는 엉덩이를 비속어로 Arsch라고 말하기도 해 „sich auf seine fünf Buchstaben setzen(다섯 글자 위에 앉다)"으로 사용하기도 한답니다.

Beispiel

- Nun setz dich endlich auf deine vier Buchstaben und iss auf!
  지금 당장 자리에 앉아서 (다) 먹어!

Synonym

sich hinsetzen

Wörter

der Buchstabe, -n 문자, 자모

jm. ein X für ein U vormachen

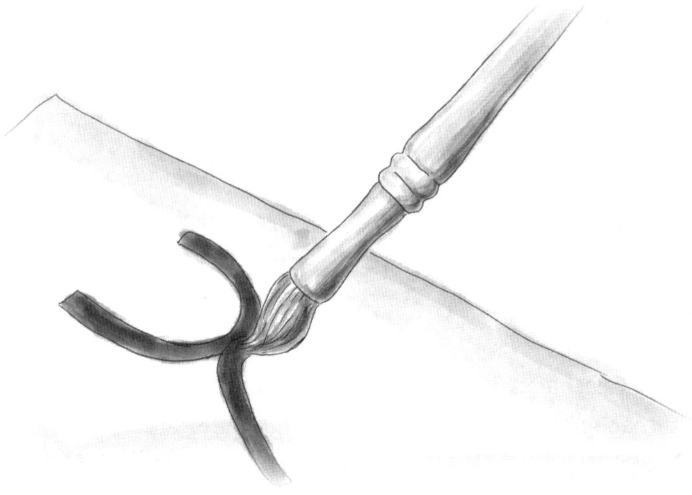

Wörtliche Übersetzung

U를 X 로 보이게 하다

Quiz: Was bedeutet „jm. ein X für ein U vormachen"?

① 멍청하다
② 꼬임에 넘어가다
③ 거짓말로 누구를 속이다
④ 독박 쓰다

Bedeutung (ugs.)

말도 안 되는 거짓말로 누구를 속이다

Herkunft

옛날 상인들은 V를 X로 고쳐 사람들을 속이곤 했습니다. 로마숫자로 V는 5, X는 10이기 때문에 더 많은 이익을 취하려는 속셈이었죠.

그런데 중세 말기에 라틴어 V는 단어 속의 위치에 따라 V나 U로 쓰였습니다. 즉, 당시에 V는 U와 동일한 것이었지요. 그래서 이 관용구가 „jm. ein X für ein ‚U' vormachen" 이어도 말이 되는 것입니다.

Beispiel

- Windige Geschäftsleute versuchen oft, ihren Kunden ein X für ein U vorzumachen.
  그 허풍쟁이 사업가들은 매번 그들의 고객들을 속이려는 시도를 한다.
- Ich lass mir doch kein X für ein U vormachen!
  속고만 있지 않을 거야!

Synonym

betrügen; irreführen; täuschen

Wörter

windig [속어] 허풍 떠는, 신뢰할 수 없는
die Geschäftsleute (pl.) 상인, 장사꾼 | der Kunde, -n 손님, 고객

Essen & Trinken

- ☐ seinen Senf dazugeben

  :

- ☐ alles in Butter

  :

- ☐ jm. nicht das Wasser reichen können

  :

- ☐ mit jm. ist nicht gut Kirschen essen

  :

- ☐ in den sauren Apfel beißen

  :

- ☐ um den heißen Brei herumreden

  :

- ☐ Das ist nicht mein Bier

  :

- ☐ jm. Wurst sein

  :

- ☐ jm. reinen Wein einschenken

  :

- ☐ jd. soll bleiben/hingehen, wo der Pfeffer wächst

  :

seinen Senf dazugeben

Wörtliche Übersetzung

자신의 머스타드를 첨가하다(더 주다)

Quiz: Was bedeutet „seinen Senf dazugeben“?

① 끼어들어 말하다
② 잔소리 하다
③ 야단치다
④ 동문서답하다

Bedeutung (ugs.)

끼어들어 말하다, (묻지도 않았는데) 자기 생각을 말하다

Herkunft

겨자가 귀하게 여겨졌던 17세기, 집주인은 손님에게 머스타드 씨를 갈아 후추처럼 음식 위에 뿌려 대접했습니다. 그러나 식당 주인들은 이를 악용하여 손님에게 묻지 않고 주문한 음식 위에 약간의 겨자 소스를 뿌려 더 비싼 가격에 팔았습니다. 하지만 겨자 소스가 모든 음식과 어울리지는 않았겠죠?
손님들은 시키지 않은 겨자를 음식에 뿌려 바가지를 씌우는 식당 주인들 때문에 불쾌했을 것입니다. 그리하여 "자신의 머스타드를 추가하다(seinen Senf dazugeben)."는 묻지도 않은 상황에서 끼어들어 자신의 의견을 내세우는 사람을 가리키게 되었습니다

Beispiel

- Mich nervt es, dass du überall deinen Senf dazugeben musst!
  네가 계속 끼어들어서 말하는 거 너무 짜증나!
- Gib nicht deinen Senf dazu, wenn du von der Geschichte keine Ahnung hast.
  너 그 일에 대해서 모르면 끼어들지마.

Synonym

sich unerwünscht in ein Gespräch einmischen; sich ungefragt am Gespräch beteiligen

Wörter

nerven-nervte-genervt 신경질나다 | der Senf, -e 머스타드 소스
dazugeben-gab dazu-dazugegeben (추가로) 더 주다 | überall 어디에서나

alles in Butter

Wörtliche Übersetzung

버터 안의 모든 것

Quiz: Was bedeutet „alles in Butter"?

① 완벽하다
② 느끼하다
③ 그저 그렇다
④ 매우 알맞다

/ Essen & Trinken >> 음식 /

Bedeutung (ugs.)

모든 것이 완벽하다, 만사가 순조롭다

Herkunft

예전부터 버터는 요리뿐만 아니라 겨울에 로션처럼 피부에 바르기도 하는 등 다양한 용도로 쓰였습니다. 심지어 중세 시대에는 물건을 안전하게 운송하기 위한 포장 용도로 사용되었는데요. 그 당시 독일 귀족들은 이탈리아의 값비싼 도자기 그릇이나 유리로 만든 화려한 장식품, 안경 등을 좋아했습니다. 상인들은 이런 값비싼 물건들을 마차에 실어 이탈리아에서부터 알프스를 넘어 독일까지 운반했지만 알프스의 험한 지형 때문에 깨지는 경우가 허다했습니다. 그러던 중, 한 상인이 아주 기가 막힌 생각을 떠올립니다. 먼저 단단한 나무 통 안에 안경과 귀중품들을 넣고 뜨거운 온도에서 녹인 버터를 가득 부었습니다. 버터가 완전히 굳으면 통 안에 있는 귀중품들은 아주 단단히 고정되어 마차가 흔들려도 깨지지 않게 되었습니다. 혹여 마차에서 통이 떨어졌다 하더라도 버터만 깨지고 귀중품들은 그대로 보존할 수 있었습니다.
이후 상인들이 도착해 물건을 내리면서 한 첫 질문, „Ist noch alles in Butter?(버터 안에 아직 다 있어?)”에서 이 관용구가 유래되었습니다.

Beispiel

- Jonas: Wie läuft dein Geschäft? - Elli: Alles in Butter!
  요나스: 네 사업은 어때?” – 엘리: 완벽해!
- Es schien alles in Butter zu sein, denn der Schiedsrichter pfiff das Spiel wieder an. : 모든 것이 다 해결된 것 같았다, 왜냐하면 심판이 다시 경기를 시작하였기 때문이다.

Synonym

alles in Ordnung

Wörter

das Geschäft, -e 사업, 기업, 일 | die Butter,- 버터 | scheinen-schien-geschienen ~처럼 보이다, 여겨지다, 빛나다 | der Schiedsrichter, - 심판 pfeifen-pfiff-gepfiffen 호각을 불어 경기 시작을 알리다 | in Ordnung 잘 돌아가는, 이상이 없는

jm. nicht das Wasser reichen können

Wörtliche Übersetzung

물을 건넬 수 없다

Quiz: Was bedeutet „jm. nicht das Wasser reichen können"?

① 수준이 높다
② 수위 조절을 못 하다
③ 물이 맑지 못하다
④ 수준에 못 미치다

Bedeutung (ugs.)

수준에 못 미치다

Herkunft

도구를 사용해 식사하는 문화가 생긴 17세기 이전의 중세시대 사람들은 숟가락과 포크 없이 손으로 식사를 했습니다. 한 귀족이 자신의 집에서 성대한 파티를 열어 식사를 시작할 때 시종들은 주인과 손님에게 무릎을 꿇고 작은 접시에 물을 담아 건네야만 했습니다.

이 때 시종들 사이에서도 계급 차이가 있어 물을 건네는 일은 시종 중에서도 높은 계급의 시종만이 할 수 있었습니다. 그러므로 일정 계급에 미치지 못하는 시종은 이 일을 할 수 없었지요. 그래서 "물을 건넬 수 없다"라는 뜻은 "아직 수준에 미치지 못하다"라는 의미를 가지게 되었습니다.

Beispiel

- Die gegnerische Fußballmannschaft kann euch nicht das Wasser reichen.
  상대편 축구팀은 너희 수준에 못 미친다.
- Ihm kann ich nicht das Wasser reichen.
  나는 그와는 비교도 안되게 못한다.

Synonym

nicht genauso gut sein; jm. deutlich unterlegen sein

Wörter

gegnerisch 상대편의, 적의 | die Fußballmannschaft, -en 축구팀
reichen-reichte-gereicht 내밀다, 건네다

mit jm. ist nicht gut Kirschen essen

Wörtliche Übersetzung

누구와 함께 체리를 잘 먹지 못한다

Quiz: Was bedeutet „mit jm. ist nicht gut Kirschen essen"?

① 체리가 덜 익었다
② 체하다
③ 어울리지 못 하다
④ 긴밀한 사이이다

Bedeutung (ugs.)

어울리지(친해지지) 못 하다

Herkunft

우리나라에서는 미운 놈 떡 하나 더 준다고 하지만 정말 미운 사람에게 떡 하나 주는 것이 쉬울까요? 중세 시대 귀족들은 예의와 형식을 중요시 여기며 자신들만의 상류층 모임을 즐겼습니다. 자신의 집에 다른 귀족들을 초대해 함께 식사를 한 뒤, 후식으로 귀하고 비싼 체리를 즐겨먹었죠. 하지만 이 때, 함께 둘러앉은 테이블에서 옷차림이 단정하지 못하거나, 무례한 행동을 한 사람, 또 원하지 않았던 손님이 있을 때, 사람들은 체리를 먹고 나오는 씨와 줄기를 그 사람이 떠날 때까지 던지곤 했습니다. 이것은 자신과 잘 맞지 않거나 가까이 하고 싶지 않은 사람에게 했던 행위로서 "그 사람과 좋은 체리를 먹지 못한다(mit jm. ist nicht gut Kirschen essen)"는 "어울리지 못하다, 친해질 수 없다" 라는 뜻을 갖게 되었습니다.

Beispiel

- Mit unserem neuen Nachbarn ist offenbar nicht gut Kirschen essen. Bei jeder Kleinigkeit ruft er sofort die Polizei.
  아무래도 새로 온 우리 이웃과 친해지기 힘들 것 같다. 사소한 일에도 경찰을 불러.
- Hüte dich vor Menschen, die nur Streit suchen; mit denen ist nicht gut Kirschen essen.
  싸움만 거는 사람들을 조심해. 그들과 친해지기 힘들어.

Synonym

mit jm. nicht gut auskommen können

Wörter

der Nachbar, -n 이웃 사람 | offenbar 분명히, 명료한
sich hüten-hütete-gehütet 삼가다, 경계하다

in den sauren Apfel beißen

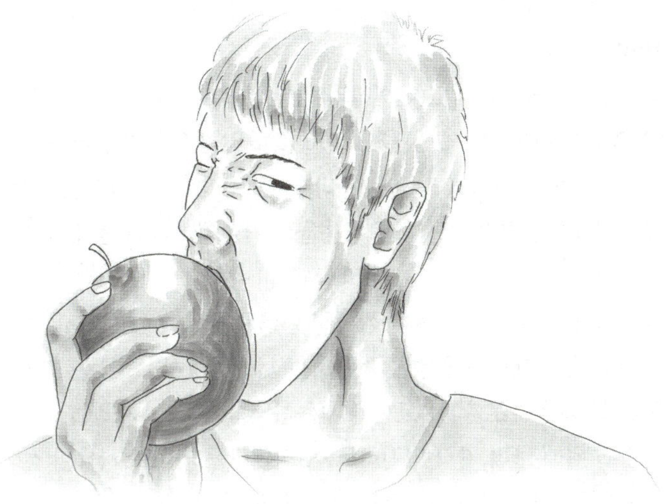

Wörtliche Übersetzung

신 사과를 물다

Quiz: Was bedeutet „in den sauren Apfel beißen"?

① 선의의 거짓말을 하다
② 울며 겨자 먹기로 하다
③ 편견을 가지고 지레 포기하다
④ 호기심으로 무언가를 시도하다

Bedeutung (ugs.)

울며 겨자 먹기로 하다, 싫은 일을 마지못해 하다

Herkunft

이 관용구는 수술을 할 때 고통을 참기 위한 방법과 관련이 있습니다. 현대에는 큰 수술도 마취를 하면 고통을 느끼지 않을 만큼 의학이 눈부신 발전을 이뤘는데요. 과거에는 고통을 참기 위한 마취제가 없었다고 합니다. 마취제가 없었기 때문에 수술을 받는 사람들은 고통을 참기 위해 신 사과를 물고 있었다고 해요.

이 관용구가 언제부터 쓰였는지 정확히 알려져 있지는 않지만, 마틴 루터가 1532년에 아픈 선제후의 건강을 기원하는 서신에서 “반드시 쓴 쑥을 드시고 신 사과를 꽉 깨무세요.”라는 표현을 사용하였습니다. 신 사과을 먹기는 싫겠지만 건강을 위해 울며 겨자 먹기라도 꼭 먹으라는 의미로 사용한 것이죠. 이후에 이 관용구가 대중적으로 널리 퍼졌다고 합니다.

Beispiel

- Ich werde wohl in den sauren Apfel beißen und die Nachtschicht übernehmen.

  싫지만 내가 야간근무를 하겠어요.

- Paul: Ich habe meine Hausaufgaben zu Hause vergessen. So ein Mist!
  Alex: Da musst du wohl in den sauren Apfel beißen und sie in der Pause nochmal machen.

  파울: 숙제를 집에 두고 왔어. 빌어먹을!
  알렉스: 어쩔 수 없지. 쉬는 시간에 다시 해야겠네.

Synonym

etw. Unangenehmes aber oft Notwendiges tun

Wörter

die Nachtschicht, -en 야간 근무 | übernehmen-übernahm-übernommen (의무,책임 따위를) 떠맡다, 지다 | So ein Mist! 빌어먹을!

um den heißen Brei herumreden

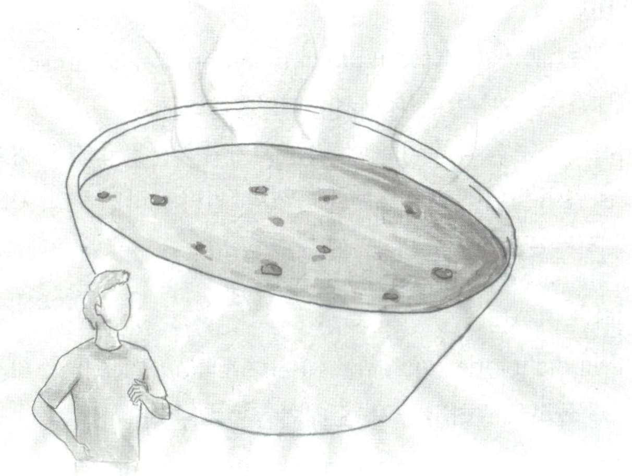

Wörtliche Übersetzung

뜨거운 죽 주위를 맴돌며 말하다

Quiz: Was bedeutet „um den heißen Brei herumreden"?

① 빙빙 돌려 말하다
② 자극적인 말을 내뱉다
③ 돌아버리겠다
④ 그 자리를 빙빙 돌다

Bedeutung (ugs.)

차마 말할 용기가 없다, 빙빙 돌려 말하다

Herkunft

이 관용구는 „Wie die Katzen um den heißen Brei herumschleichen(고양이가 마치 뜨거운 죽 주변을 살금살금 걷듯이)"에서 변형되었습니다.

고양이가 뜨거운 음식을 먹을 때, 가장 차가운 부분을 찾기 위해 음식 주위를 살금살금 걸어 다니며 빙빙 도는 모습에서 "빙빙 돌려 말하다, 차마 말할 용기가 없다"라는 뜻으로 사용하게 되었다고 합니다.

Beispiel

- Reden wir nicht lange um den heißen Brei herum, was ist hier los?
  우리 오래 돌려서 말하지 말자, 도대체 무슨 일인데?
- Wir wollen nicht lange um den heißen Brei herumreden, sondern sofort zur Sache kommen.
  말을 돌려서 하지 말고, 바로 본론으로 들어가도록 해요.

Synonym

etw. nicht direkt sagen

Wörter

der Brei, -e 죽 | zur Sache kommen 본론으로 들어가다

Das ist nicht mein Bier

Wörtliche Übersetzung

그것은 내 맥주가 아니다

Quiz: Was bedeutet „Das ist nicht mein Bier“?

① 나는 술을 더 이상 마시지 않을 것이다
② 내 의도는 그것이 아니다
③ 그것은 내 실수가 아니다
④ 그것은 내 문제가 아니다

Bedeutung (ugs.)

그것은 내 문제가 아니다, 그것은 내가 관여할 일이 아니다

Herkunft

자신과 관련이 없는 일이거나 그 일에 흥미가 없을 때 "그건 내 맥주가 아니야(Das ist nicht mein Bier)." 혹은 "그건 너의 맥주야(Das ist dein Bier.)."라고 말하기도 합니다. 독일 여러 지역에서는 Birne(배)를 Bier, Beär 또는 Beer라고 했답니다. 그리고 Birne는 Sache(물건, 사물)라는 뜻으로 많이 쓰기도 했다는군요.
그렇다면 „Das ist nicht dein Bier."라는 말을 „Das ist nicht deine Sache."로 읽으면 관용구의 뜻을 쉽게 이해할 수 있을 겁니다.19 세기 대학가에서 술을 즐기며 여가 시간을 보낸 대학생들이 자주 사용하던 관용구라는데, 그들은 Bier의 원래 뜻을 알고 있었을까요?

Beispiel

- Johann: Ich habe keine Zeit, mich um die Gäste zu kümmern. Kannst du das bitte tun?
  Ariane: Nein, das ist nicht mein Bier.

요한: 내가 시간이 없어서 그러는데, 네가 손님들을 돌봐 줄 수 있겠니?
아리아네: 아니, 그건 내 일 아니야.

Synonym

Das ist dein Problem / deine Angelegenheit / deine Sache

Wörter

das Bier, -e 맥주
sich um jn. kümmern-kümmerte-gekümmert 보살피다,돌보다

jm. Wurst sein

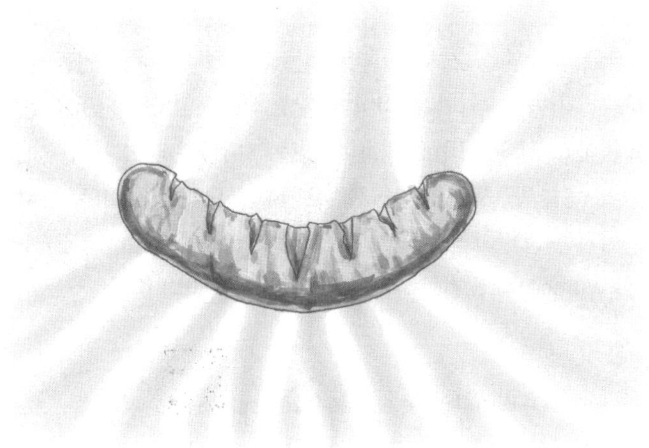

Wörtliche Übersetzung

누군가에게 소시지다

Quiz: Was bedeutet „jm. Wurst sein"?

① 허기가 지다
② 무엇이든 상관없다
③ 무엇을 추천하다
④ 흔하다

Bedeutung (ugs.)

아무래도 상관없다, 관심 밖이다

Herkunft

독일이라고 하면 맥주, 소시지, 빵을 떠올리게 됩니다. 독일인들은 돼지 한 마리를 잡으면 가공할 때 하나도 버리지 않고 다양하고 맛있는 음식을 만드는 것으로 유명하죠. 그 때 고기로 먹을 수 없는 부위들은 다 소시지 속에 넣었답니다. 이것도 넣을까? 저것도 넣을까? 고민할 필요가 없었지요. 소시지에는 무엇이 들어가든 상관이 없었으니까요, 진정 „das ist Wurst."였습니다. 이 때 Wurst를 wurscht라고 발음하는 경우가 더 보편적입니다.

Beispiel

- Das ist mir doch Wurst, wie er das Buch schreibt.
  그가 그 책을 어떻게 쓰던지 간에 나는 상관 없습니다.
- Anna: Was willst du sehen? - Sara: Das ist mir Wurst.
  안나: 뭐 볼래? – 사라: 아무거나.

Synonym

egal sein ; gleichgültig sein

Wörter

die Wurst, -¨e 소시지 | das Buch, -¨er 책

jm. reinen Wein einschenken

Wörtliche Übersetzung

누군가에게 순수한 와인을 따르다

Quiz: Was bedeutet „jm. reinen Wein einschenken"?

① 사치를 부리다
② 귀중히 여기다
③ 진실을 말하다
④ 거짓을 알아채다

Bedeutung (ugs.)

진실을 숨김없이 말하다

Herkunft

양조 기술이 많이 발전한 지금과 달리 과거에는 질 좋은 와인을 생산하는데 많은 어려움이 따랐습니다. 그렇기 때문에 손님 몰래 와인에 물이나 초산을 섞어서 파는 일이 잦았다고 합니다. 그래서 와인을 희석시키지 않고 제대로 만들어 파는 주인을 정직한 사람으로 여겨졌습니다.

"누군가에게 순수한 와인을 따르다(jm. reinen Wein einschenken)" 라는 표현은 "진실을 숨김없이 말하다" 라는 의미를 가지게 되었습니다.

Beispiel

- Ich glaube, es wäre besser, ihm reinen Wein einzuschenken.
  그에게 진실을 말하는 것이 더 낫다고 생각한다.
- Sabrina will Harry endlich reinen Wein einschenken und ihm sagen, wie sie zu Tobias steht.
  사브리나는 하리에게 진실을 말하기 위하여, 토비아스와 어떤 관계인지 말하였다.

Synonym

die Wahrheit erzählen

Wörter

zu jm. stehen 누구와 관계를 맺고 있다

jd. soll bleiben/hingehen, wo der Pfeffer wächst

Wörtliche Übersetzung

~를 후추가 자라는 곳에 머물게 하다/보내버리다

Quiz: Was bedeutet „jd. soll bleiben/hingehen, wo der Pfeffer wächst"?

① 힘든 노역을 시키다
② 멀리 보내 버리다
③ 근사하게 완성하다
④ 요리를 하다

/ Essen & Trinken >> 음식 /

Bedeutung (ugs.)

~를 돌아올 수 없는 곳에 머물게 하다/보내버리다

Herkunft

후추는 고대 그리스, 로마 시대 때부터 약, 민간요법, 최음제 등으로 사용되어 매우 가치 있게 여겼습니다. 그 값이 같은 무게의 금과 맞먹어 우리는 „gepfeffert(지나치게 비싼)"라는 형용사에서 후추의 가치가 얼마나 높았는지 짐작해볼 수 있습니다. 당시 동로마(비잔틴 제국)에서 후추가 재배되는 인도까지 가는데 해로를 이용하여 약 40일 정도 걸렸다고 합니다. 사람들에게 인도는 닿을 수 없는 아주 먼 거리로 여겨졌고 꼴도 보기 싫은 사람에게 후추가 자라는 지역으로 가버렸으면 좋겠다고 말하게 되었죠. 이 관용구는 그 때부터 계속 사용되어 20세기 독일의 풍자 잡지 <심플리치시무스(Simplicissimus)>에서 "너의 입증이 끝날 때쯤이면, 나는 아마도 후추가 나는 곳에 가 있을 거야(Bis du mit deinen Beweistümern fertig bist, bin ich vielleicht wo der Pfeffer wächst)."라고 쓰면서 널리 퍼지게 되었습니다.

Beispiel

- Sandra war sehr böse auf ihren Freund und schrie ihn an: „Geh doch dahin, wo der Pfeffer wächst!"
  산드라는 남자 친구에게 화가 나서 소리를 질렀다: "두 번 다시 보기 싫어!"
- Jetzt habe ich die Nase voll! Er hält nie sein Wort! Mit ihm will ich nichts mehr zu tun haben! Er soll bleiben, wo der Pfeffer wächst!
  나는 질려 버렸어! 그는 항상 약속을 지키지 않아! 이제 그와 아무것도 하지 않을 거야, 두 번 다시 보기 싫어!

Synonym

jd. soll verschwinden und nicht wiederkommen; jd. soll fernbleiben

Wörter

anschreien-schrie an-angeschrien 큰소리를 지르다 | die Nase voll haben 지겹다, 질리다 | verschwinden-verschwand-verschwunden 사라지다

Farben

- ☐ grün hinter den Ohren sein

  :

- ☐ grünes Licht geben

  :

- ☐ blauer Brief

  :

- ☐ sich graue Haar wachsen lassen

  :

- ☐ mit einem blauen Auge davonkommen

  :

- ☐ rot sehen

  :

- ☐ jm. nicht grün sein

  :

- ☐ ins Schwarze treffen

  :

- ☐ etw. schwarzmalen

  :

- ☐ ein blaues Wunder erleben

  :

grün hinter den Ohren sein

Wörtliche Übersetzung

귀 뒤의 초록색

Quiz: Was bedeutet „grün hinter den Ohren sein"?

① 자연친화적이다
② 미숙하다
③ 병에 걸리다
④ 편안하다

Bedeutung (ugs.)

경험이 없다, 미숙하다

Herkunft

문화권마다 색깔이 갖는 상징성은 다양합니다. 독일에서도 마찬가지였습니다. 그 중에서 초록은 덜 익은 과일의 초록색, 새싹의 초록색처럼 미완성을 상징하였습니다.

그런데 왜 귀 뒤의 초록색이라고 했을까요? 예전엔 갓 태어난 아기를 보고 „noch feucht hinter den Ohren(아직 귀 뒤가 젖어 있다).“이라고 했습니다. 탯줄을 끊고 아기를 닦아주는 과정에서 귀 뒤는 잘 닦지 않아 그곳이 젖어 있는 경우가 흔했기 때문입니다. 하지만 이것이 관용어로 쓰이기 시작하면서 젖어있다는 말 대신 초록색으로 표현하여 미숙함을 더 강조했습니다.

Beispiel

- Der neue Lehrling ist noch grün hinter den Ohren, weiß aber schon alles besser.
  새로 온 견습생은 아직 새파랗게 젊지만, 이미 모든 것을 더 잘 알고 있다.
- Anfangs waren wir alle noch grün hinter den Ohren.
  처음에는 우리 모두 미숙했다.

Synonym

unerfahren; ungelernt

Wörter

neu 새로운 | schon 벌써, 이미 | wissen-wusste-gewusst 알다
der Lehrling, -e 제자, 견습생 | anfangs 처음에

grünes Licht geben

Wörtliche Übersetzung

초록 불빛을 주다

Quiz: Was bedeutet „grünes Licht geben"?

① 축하하다
② 어둠을 밝히다
③ 허가하다
④ 희망을 주다

Bedeutung (ugs.)

허가하다, 수락하다

Herkunft

이 관용구는 비교적 최근에 생겨났습니다. 사람들은 신호등이 초록 불로 바뀌면 횡단보도를 건너고, 빨간 불에는 멈춰 섭니다. 이러한 신호등의 특성에서 "초록 불을 주다(grünes Licht geben)"는 "~하는 것을 허락하다"라는 의미로, 반대로 "빨간 불을 주다(rotes Licht geben)"는"~하는 것을 금지하다"라는 뜻으로 널리 쓰이고 있습니다.

Beispiel

- Die Bundesregierung gab grünes Licht für die Erhöhung der Autobahnmaut.
  연방정부는 고속도로 통행료 인상을 허가하였다.
- Der Geschäftführer gab grünes Licht für den Start des Projektes.
  기업사장은 그 프로젝트의 시작을 허락하였다.

Synonym

akzeptieren; absegnen; erlauben; billigen

Wörter

die Bundesregierung, -en 연방정부 | das Licht, -er 빛, 등불
geben-gab-gegeben 주다 | die Erhöhung, -en 인상
die Autobahnmaut, -en 통행료 | der Geschäftsführer, - 사장, 대표 이사

blauer Brief

Wörtliche Übersetzung

파란 편지

Quiz: Was bedeutet „blauer Brief“?

① 초대장
② 이별의 편지
③ 인터넷 편지
④ 경고장

Bedeutung (ugs.)

(주로 학교에서 유급과 관련된) 통지서/경고장, 해고통지서

Herkunft

18세기 프로이센 내각은 파란 봉투에 퇴임통지서를 넣어 장교들에게 보냈습니다. 이 파란색 봉투는 안을 들여다 볼 수 없도록 프로이센을 상징하는 진청색(Preußisch Blau)의 특수한 종이로 만들어졌다고 합니다.

오늘날 독일에서 „blauer Brief"는 어떤 의미일까요? 우리나라와는 달리 독일 학교에서는 낙제가 드문 일이 아닙니다. 심지어 초등학교에서도 낙제를 당하기도 합니다. 학교에서 말썽을 피우거나 일정 성적이 충족되지 않으면 다음 학년으로 진급하지 못하고 같은 학년을 다시 한 번 더 다녀야 합니다. 이러한 학생들에게 상위 학년으로 진급할 수 없다고 낙제를 알리는 유급통지서를 비유적으로 „blauer Brief"라고 합니다. 학교뿐 아니라 회사나 공공기관에서 보내는 해고통지서에도 이 표현을 씁니다.

Beispiel

- Eine 5 in Mathe und eine 6 in Chemie – da lässt der blaue Brief wohl nicht mehr lange auf sich warten.
  수학에서 5점, 화학에서 6점이라면 유급경고장을 피하기 힘들 것이다.
- Auf einen ersten offiziellen blauen Brief folgt meist eine Phase der Gespräche und Verhandlungen.
  첫 번째 공식적인 경고장 이후에 대부분 대화와 협상 국면이 나타난다.

Synonym

das Mahnbescheid; die Anmahnung

Wörter

offiziell 공식적인 | meist 대부분 | die Phase, -en 국면, 양상
die Verhandlung, -en 협의, 담판

sich graue Haare wachsen lassen

Wörtliche Übersetzung

회색 머리를 자라게 하다

Quiz: Was bedeutet „sich graue Haare wachsen lassen"?

① 근심하다
② 노화하다
③ 노련하다
④ 호기심이 생기다

Bedeutung (ugs.)

~에 대하여 걱정하다, 근심하다

Herkunft

흰 머리를 영어로 "white hair"가 아니라 "gray hair"라고 하듯 독일에서도 „graue Haare(회색 머리)"라고 합니다.
흰 머리는 나이가 들면서 자연스레 나지만 걱정이 많아질 때 나기도 합니다. 우리나라에도 머리가 세다(:복잡하거나 안타까운 일에 너무 골몰하거나 걱정하다)는 관용어가 있듯 독일에서도 „sich graue Haare wachsen(회색 머리를 기르다)"는 "~에 대하여 걱정하다, 근심하다"라는 의미로 사용됩니다. 확인된 바는 없으나 단두대에 오르기 전날 밤 머리가 하얗게 세었다고 하는 마리 앙투아네트의 이야기가 떠오릅니다.

Beispiel

- Nun lassen Sie sich wegen Ihres Hundes mal keine grauen Haare wachsen! So lange Sie im Krankenhaus sind, werden sich meine Kinder um ihn kümmern.
  강아지 때문이라면 걱정하지 마세요! 병원에 오래 계시는 동안 우리 아이들이 잘 돌봐줄 거에요.
- Jetzt lass dir mal keine grauen Haare wachsen, es wird schon nichts Schlimmes passiert sein.
  이제 너무 걱정하지마, 아무 일도 없을 거야.

Synonym

sich sorgen; Angst haben; befürchten

Wörter

das Haar, -e 머리카락 | geben-gab-gegeben 주다
wachsen-wuchs-gewachsen 자라다, 성장하다 | wegen+G ~때문에
das Krankenhaus, -¨er 병원

mit einem blauen Auge davonkommen

Wörtliche Übersetzung

한쪽 눈만 파란 채 벗어나다

Quiz: Was bedeutet „mit einem blauen Auge davonkommen“?

① 피곤하다
② 눈이 충혈되다
③ 큰 손해를 모면하다
④ 감정기복이 심하다

Bedeutung (ugs.)

큰 손해를 모면하다, 불행 중 다행이다, 무사하다

Herkunft

눈이 우리 생활에서 큰 역할을 하기 때문인지 눈을 사용한 관용구가 많습니다. 그리고 눈은 신체부위 중에 가장 예민한 부분이기도 합니다. 그러니 눈을 맞았을 때, 눈에 심한 손상 없이 눈가만 파랗게 멍이 들었다면 얼마나 다행일까요? 불행 중 다행인 것이죠.

Beispiel

- Wir sind 2009 mit einem blauen Auge davongekommen, aber es ist noch lange nicht alles ausgestanden.
  우리는 2009년에 위기를 모면했지만, 아직 모든 것이 끝난 것은 아니다.
- Der Immobilienmarkt in Berlin ist offenbar noch einmal mit einem blauen Auge davongekommen.
  베를린의 부동산 시장은 확실히 또 한 번의 위기를 넘겼다.

Synonym

einen Schutzengel gehabt haben; Glück im Unglück haben

Wörter

davonkommen-kam davon-davongekommen 빠져나오다, 벗어나다
ausgestanden sein 위기가 지나갔다
der Immobilienmarkt, -¨e 부동산 시장 | offenbar 분명하게, 명백한

rot sehen

Wörtliche Übersetzung

빨간색을 보다

Quiz: Was bedeutet „rot sehen"?

① 열정적으로 임하다
② 중단하다
③ 불의를 겪다
④ 화가 치밀다

Bedeutung (ugs.)

화가 치밀다, 분개하다

Herkunft

독일의 집들을 보면 붉은색 지붕이 가장 특징적이지 않나요? 이 관용구는 바로 "붉은 지붕"과 밀접한 관련이 있습니다. 초기 게르만족 사회에서 집은 아무나 들어올 수 없는 신성한 공간이라고 여겨졌습니다. 가정에서 남편이 아내에게 꼼짝 못하며 가장으로서 지위를 지키지 못할 때 공동체의 구성원들은 그의 집 지붕의 기와를 걷어냈다고 합니다. 이는 신성한 공간을 파괴하는 상징적인 행위였기 때문에 남편들에게 굉장히 모욕적인 일이었습니다. 그 후 남편은 혼자서 지붕을 고치기 위해 어쩔 수 없이 붉은 기와를 계속 볼 수밖에 없었지요. 그때 남편들의 기분은 어땠을까요? 오늘날 „rot sehen"이 "화가 치밀다, 분개하다"라는 의미로 사용되는 것은 바로 이런 상황에서 유래하였습니다.

Beispiel

- Wenn jemand seine Kinder schlägt, sehe ich einfach rot.
  누군가 그의 자식을 때리면, 나는 화가 치솟는다.
- Ich sehe rot, wenn Menschen wegen ihrer Hautfarbe diskriminiert werden.
  나는 사람들이 피부색 때문에 차별을 당하면 화가 난다.

Synonym

sehr wütend werden

Wörter

schlagen-schlug-geschlagen 때리다 | einfach 매우
die Hautfarbe, -n 피부색

jm. nicht grün sein

Wörtliche Übersetzung

누군가에게 초록색이 아니다

Quiz: Was bedeutet „jm. nicht grün sein"?

① 싫어하다
② 부탁을 거절하다
③ 무관심하다
④ 무례를 범하다

Bedeutung (ugs.)

애착이 없다, 마음이 없다

Herkunft

이 관용구에서의 초록색은 평화로운 자연의 푸르른 숲과 자라나는 새싹들처럼 긍정적인 이미지로 쓰이고 있습니다. "어떤 사람이 내게 초록색이 아니다(jm. nicht grün sein)."는 초록색이 상징하는 삶, 생기와 같은 긍정적인 느낌을 주지 않는다고 해석되어 "애착이 가지 않는다, 누군가를 싫어하다."라는 혐오나 거리낌을 나타내는 관용구로 쓰이고 있습니다.

Beispiel

- Der Typ ist mir nicht grün!
  저 자는 날 좋아하지 않아!
- Die beiden sind sich nicht grün.
  둘이 서로 좋아하지 않아요.

Synonym

keine gute Meinung von jm. haben

Wörter

der Typ, -en 녀석, 자식 | die Meinung, -en 생각

ins Schwarze treffen

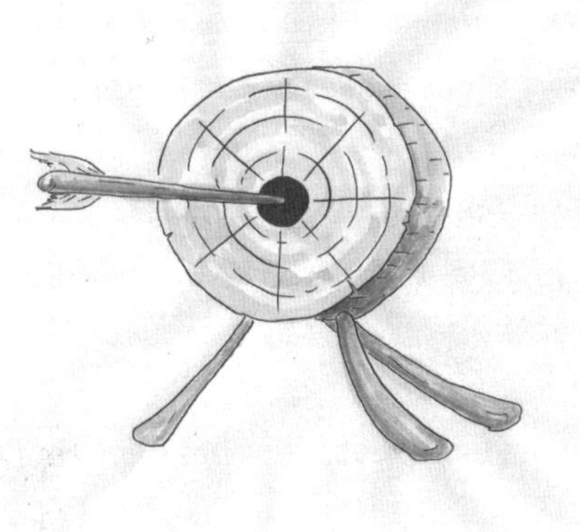

Wörtliche Übersetzung

검정색에 맞추다

Quiz: Was bedeutet „ins Schwarze treffen“?

① 두려움을 느끼다
② 문제를 직면하다
③ 핵심을 찌르다
④ 죽음을 맞닥뜨리다

Bedeutung (ugs.)

핵심을 찌르다, 정곡을 찌르다

Herkunft

보통 가장 중요한 요점 또는 핵심을 짚었을 때 우리는 "정곡을 찔렀다"고 합니다. 정곡은 과녁 한가운데의 점으로 독일에서는 대부분 검정색이라고 합니다. 따라서 "검정색을 맞춘다(ins Schwarze treffen)"라고 하면 "과녁의 중심을 맞췄다, 명중했다"라는 뜻이 된 것이지요. 여기에서 유래하여 19세기 즈음부터 이 관용구는 "핵심, 정곡을 찌르다"라는 의미로 사용되기 시작하였습니다.

Beispiel

- Mit dem Thema Energieeffizienz hat der Politiker genau ins Schwarze getroffen.
  에너지 효율성에 관한 주제와 함께 정치가는 정확하게 핵심을 찔렀다.
- Der Zeitungsbericht trifft ins Schwarze.
  그 신문보도는 핵심을 찔렀다.

Synonym

recht haben; genau das Richtige tun

Wörter

die Energieeffizienz, -en 에너지 효율성 | genau 정확하게
der Zeitungsbericht, -e 신문보도

etw. schwarzmalen

Wörtliche Übersetzung

무언가를 검게 그리다

Quiz: Was bedeutet „etw. schwarzmalen"?

① 숨기다
② 애도하다
③ 무기력하다
④ 비관적으로 보다

Bedeutung (ugs.)

비관적으로 보다

Herkunft

검은색은 채도가 없는 가장 어두운 색으로 특히 서양 문화에서는 죽음, 악, 불법의 상징으로 쓰입니다. 비관적이고 부정적인 관용구에는 자주 검정색이 등장합니다. schwarz sehen(비관하다), sich schwarz ärgern(참을 수 없을 만큼 분노하다)를 예로 들 수 있습니다. 특히 흑사병 이후에 검은색의 부정적인 이미지가 강해졌습니다. 따라서 검은색으로 무언가를 그린다는 것은 대상을 부정적이고 비관적으로 본다는 의미로 정착되어 오늘날 일상생활에서 널리 쓰이고 있습니다.

Beispiel

- Warum malst du immer alles schwarz? Sei doch mal ein bisschen optimistischer!
  너는 왜 항상 모든 걸 비관적으로 보니? 좀 긍정적으로 살아!
- Wir müssen aufpassen, dass wir nicht alles schwarzmalen.
  우리는 모든 것을 비관적으로 보지 않도록 주의해야 한다.

Synonym

etw. pessimistisch darstellen; das Schlimmste befürchten

Wörter

optimistisch 긍정적인, 낙관적인 | pessimistisch 비관적인
aufpassen-passte auf-aufgepasst 주의하다, 돌보다
befürchten-befürchtete-befürchtet 두려워하다, 걱정하다

ein blaues Wunder erleben

Wörtliche Übersetzung

파란 기적을 경험하다

Quiz: Was bedeutet „ein blaues Wunder erleben"?

① 몹시 놀라다
② 상쾌하다
③ 화가 나다
④ 활력이 넘치다

Bedeutung (ugs.)

(특히 부정적인 의미로) 몹시 놀라다

Herkunft

옛날 마술사들은 초록색과 노란색을 섞어 파란색이 되는 마술을 부렸습니다. 그것이 당연한 화학반응인 줄 몰랐던 당시 사람들은 그 마술을 기적처럼 느끼며 매우 놀랐다고 합니다. 그 때부터 독일 사람들은 몹시 놀라운 것을 경험할 때 „ein blaues Wunder erleben"이라 말하게 되었지요.
파란색은 특히 독일에서 사기, 거짓말 등 부정적인 이미지를 연상케 합니다. 그래서 „blau machen"이 "무단결석하다"라는 뜻인 것처럼 „ein blaues Wunder erleben"도 특히 부정적인 상황에서 놀랄 때 사용합니다. 하지만 흥미롭게도 파란색은 독일 낭만주의의 색깔이기도 하고 충성이나 순결을 상징하기도 합니다.

Beispiel

- Wer in der Hoffnung kündigt, er werde jederzeit eine neue und bessere Arbeit bekommen, der kann sein blaues Wunder erleben.
  언제든지 더 나은 일자리를 구할 수 있다는 희망으로 사직서를 내는 자는, 날벼락을 맞을 수 있다.

Synonym

eine böse Überraschung erleben; unangenehm überrascht werden

Wörter

erleben-erlebte-erlebt 경험하다 | unangenehm 불쾌한, 싫은
das Wunder, - 놀라움

Kleider

☐ den Gürtel enger schnallen

:

☐ eine weiße Weste haben

:

☐ etw. aus dem Ärmel schütteln

:

☐ in die Hose gehen

:

☐ jm. platzt der Kragen

:

☐ Jacke wie Hose sein

:

☐ jm. auf den Schlips treten

:

☐ sein letztes Hemd hergeben

:

☐ sich auf die Socken machen

:

☐ vor jm. den Hut ziehen

:

den Gürtel enger schnallen

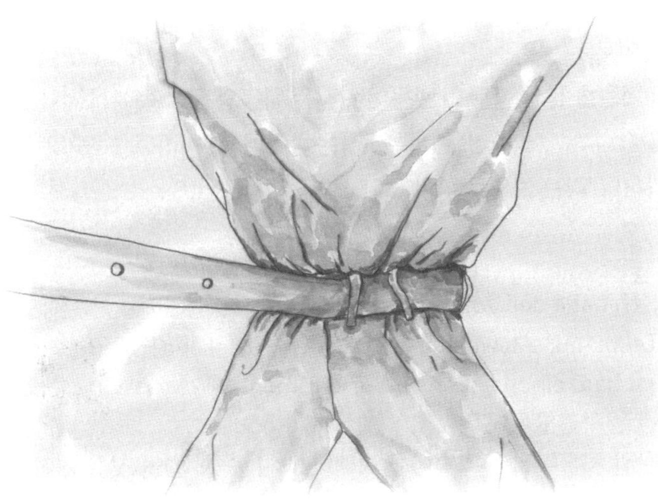

Wörtliche Übersetzung

허리띠를 졸라매다

Quiz: Was bedeutet „den Gürtel enger schnallen"?

① 절약하다
② 살을 빼다
③ 억압하다
④ 위선적이다

Bedeutung (ugs.)

절약하다

Herkunft

정확한 기원을 찾기 힘든 이 관용어는 많은 이들의 공감 속에서 자연스럽게 생긴 것 같습니다. 우리나라를 비롯한 많은 나라에서 "허리띠를 졸라매다"는 "돈을 절약하다"라는 뜻으로 널리 쓰이고 있습니다.

Beispiel

- Mann: Ich habe den Job verloren.
  Frau: Dann müssen wir von jetzt an den Gürtel enger schnallen! Du wirst bald einen neuen Job bekommen.
  남편: 나 일자리를 잃었어.
  아내: 우리 지금부터 허리띠를 졸라매야겠네! 곧 새 일을 찾을 거야.
- In Zeiten der Rezession müssen alle den Gürtel enger schnallen.
  경기 침체기에는 모두가 절약하여야 한다.

Synonym

sparen; sich einschränken; kürzer treten

Wörter

verlieren-verlor-verloren 잃다 | von jetzt an 지금부터
die Rezession, -en 경기 침체

eine weiße Weste haben

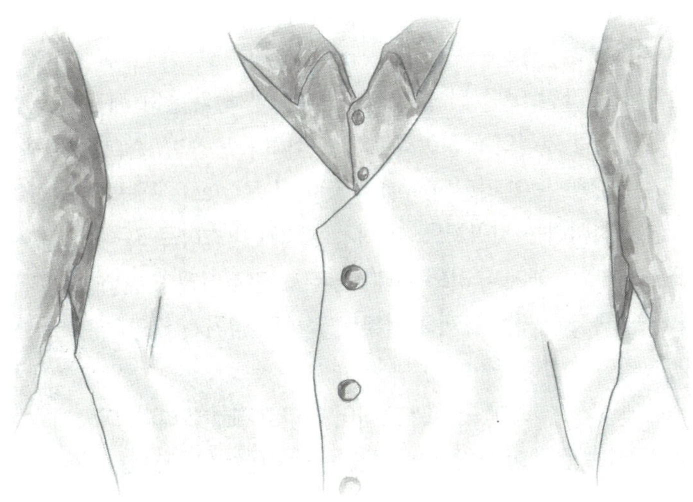

Wörtliche Übersetzung

흰색 조끼를 가지고 있다

Quiz: Was bedeutet „eine weiße Weste haben"?

① 옷을 단정하게 입었다
② 미남이다
③ 결점이 없다
④ 빨래를 잘 한다

Bedeutung (ugs.)

(도덕적으로) 결점이 없다, 결백하다, 흠잡을 데 없다

Herkunft

18세기 아브라함 아 상타 클라라 신부는 흰색 가운이 깨끗한 양심(reinen Gewissen)과 도덕 의식의 상징이라고 말했습니다. 단정함, 순결함, 결백함 등을 상징하는 흰색(weiß)이 라틴어 vestis(의복)에서 온 Weste(조끼)를 수식하여 깨끗한 양심을 의미하는 것이지요. 19세기 정치가 비스마르크는 회고록에서 "나는 몰트케(참모총장)에게 우리의 프레스부르크 군사작전이 위험한지 아닌지 물었다. 지금까지 우리는 조끼에 아무런 얼룩도 남기지 않았다(Ich fragte Moltke, ob er unser Unternehmen bei Preßburg für gefährlich oder für unbedenklich halte. Bis jetzt hätten wir keinen Flecken auf der Weste)." 라며 작전에 오점이 없다고 표현합니다. 이렇게 이 관용구는 보편적으로 결백한 사람, 결점이 없는 사람을 두고 사용합니다.

Beispiel

- Er tut so, als hätte er in dieser Sache eine weiße Weste.
  그는 이 사건에서 깨끗한 척한다.
- Kennen Sie einen Politiker mit einer weißen Weste?
  청렴한 정치가를 본 적이 있으세요?

Synonym

unbescholten / anständig sein

Wörter

tun so, als ~처럼 행동하다 | die Weste, -n 조끼

etw. aus dem Ärmel schütteln

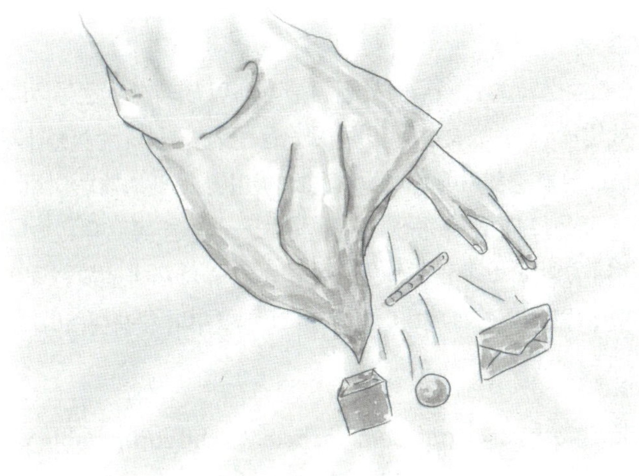

Wörtliche Übersetzung

소매 안에서 무언가를 털어내다

Quiz: Was bedeutet „etw. aus dem Ärmel schütteln"?

① 잘못을 인정하다
② 뻔뻔하게 굴다
③ 옷 매무새를 다듬다
④ 일을 손쉽게 해치우다

Bedeutung (ugs.)

일을 손쉽게 해치우다

Herkunft

조선시대를 배경으로 한 사극에서 사람들이 소매 안에서 물건을 꺼내는 모습을 심심치 않게 볼 수 있습니다. 이런 모습은 중세 유럽의 수사들에게서도 나타났는데요. 유럽 중세기에 수사들이 입고 다니던 옷의 소매는 아주 넓었습니다. 이들은 넓은 소매 안에 동전, 편지, 작은 도구 등을 넣고 다녔습니다. 가방이나 주머니 없이도 소매 안에서 필요한 물건을 척척 꺼내 필요한 곳에 사용하는 모습에서 "일을 손쉽게 해내다"라는 뜻의 관용구가 탄생했습니다.

Beispiel

- Herr Meier: Sie müssen das Geld nächste Woche zurückzahlen.
  Herr Berg: Ich kann mir doch nicht so viel Geld in so kurzer Zeit aus dem Ärmel schütteln!
  마이어씨: 당신은 다음주까지 돈을 갚아야 합니다.
  베르크씨: 나는 짧은 시간에 그렇게 많은 돈을 손쉽게 구할 수가 없어요!
- Georg: Diese Mathematikaufgabe ist zu schwer! Wer kann mir helfen?
  Tina: Thorsten. Er ist ein Mathe-Genie . Er kann die Lösung aus dem Ärmel schütteln.
  게오르그: 수학문제는 너무 어려워! 누가 날 도와 줄 수 있어?
  티나: 토어스텐. 그는 수학 천재야. 답을 척척 풀거든.

Synonym

etw. ohne Mühe vorbringen; etw. mit Leichtigkeit tun / verstehen

Wörter

das Geld (sg.) 돈, 화폐
zurückzahlen-zahlte zurück-zurückgezahlt 반환하다, 상환하다
das Genie, -s 천재

in die Hose gehen

Wörtliche Übersetzung

바지로 가다

Quiz: Was bedeutet „in die Hose gehen"?

① 비굴하다
② 실패하다
③ 굴복하다
④ 극복하다

Bedeutung (ugs.)

실패하다, 두려워하다

Herkunft

때때로 볼일은 급한데 화장실을 못 찾을 때가 있지요. 이 때 화장실에 무사히 도착해서 볼일을 해결했다면 안도의 한숨을 내쉬겠지만 만약 참는데 실패했다면 정말 당혹스러울 것입니다. 누가 볼까 두렵기도 하겠지요. 그래서 바지에 실례한 것을 비유적으로 표현한 이 관용구가 "두려워하다, 실패하다"라는 뜻으로 쓰이게 된 것입니다.

Beispiel

- Wenn der Trainer den Torwart gegen einen Feldspieler austauscht, wird es das in die Hose gehen.
  감독이 골키퍼를 미드필더로 교체하면 당연히 실패할 수 밖에 없다.
- Wir mussten volles Risiko eingehen, um eine Runde weiter zu kommen, aber das ist in die Hose gegangen.
  우리는 이 라운드를 통과하기 위해 큰 모험을 감수해야 했지만 실패하고 말았다.

Synonym

missglücken; scheitern; Angst haben

Wörter

der Torwart, -¨er 골키퍼 | die Runde, -n (시합이나 경기의) 한 라운드
austauschen-tauschte aus-ausgetauscht 교환하다, 교체하다
das Risiko eingehen 모험을 감행하다

jm. platzt der Kragen

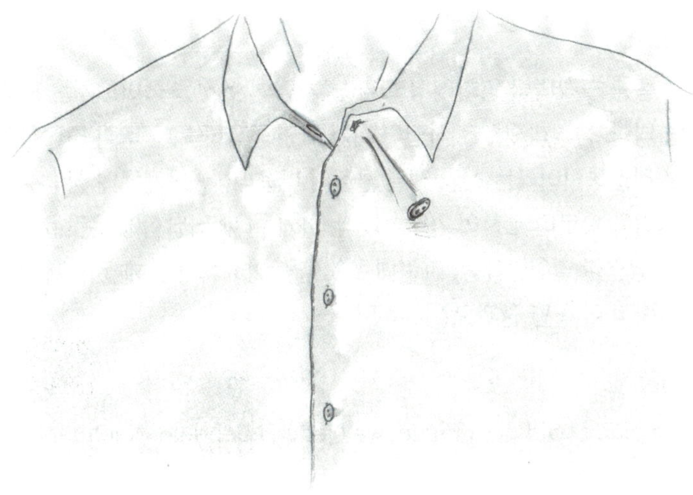

Wörtliche Übersetzung

누군가의 옷깃이 터지다

Quiz: Was bedeutet „jm. platzt der Kragen“?

① 살이 많이 쪘다
② 옷깃이 빳빳하다
③ 목이 메이다
④ 참을 수 없이 화가 나다

Bedeutung (ugs.)

참을 수 없이 화가 나다, 거대한 분노를 느끼다

Herkunft

우리는 종종 드라마나 영화에서 화가 난 사람이 옷깃을 풀어헤치는 모습을 볼 수 있습니다. 생리학적으로 사람이 화가 나면 몸의 근육은 바짝 긴장하고 뇌에서는 카테콜아민이라는 신경 전달 물질이 나옵니다. 그 때문에 심박수가 증가하고 혈압이 오르며 호흡이 가빠집니다. 화가 날 때 답답함에 옷깃을 풀어헤치는 것은 당연한 일이었네요. 그런데 옷깃을 풀어헤치다 못해 옷깃이 터질 정도라면 얼마나 화가 난 걸까요?

Beispiel

- Jochen platzt bald der Kragen, weil jeden Abend der Nachbar über ihm laute Musik hört.
  요헨은 못 참을 만큼 화가 치밀었다, 왜냐하면 위층에 사는 이웃이 매일 저녁 크게 음악을 듣기 때문이다.
- Mir platzt der Kragen! Nenn mich nicht immer kleiner Junge! Mein Name ist Tobias!
  더 이상 참을 수가 없어! 나를 꼬마라고 부르지마! 내 이름은 토비아스라고!

Synonym

wütend/sauer sein; vor Wut explodieren

Wörter

nennen-nannte-genannt ~라고 칭하다, 부르다

Jacke wie Hose sein

Wörtliche Übersetzung

겉옷(윗옷)이나 바지나

Quiz: Was bedeutet „Jacke wie Hose sein"?

① 유행하다
② 어리석다
③ 매한가지다
④ 도전하다

Bedeutung (ugs.)

매한가지다

Herkunft

옛날 독일에서는 윗옷과 바지를 같은 소재로 만드는 것이 흔하지 않았습니다. 그런데 17세기부터는 같은 소재로 만든 윗옷과 바지를 함께 입는 것이 유행하기 시작하였습니다. 재단사들은 위아래 같은 소재로 만든 한 벌의 옷을 „Jacke wie Hose"라고 불렀고 점차 사람들 사이에서도 관용적으로 쓰이게 되었습니다. „Das sind Jacke wie Hose"라고 하면 사람들은 "그거나 이거나 마찬가지이니 상관없다는 말이군"이라고 이해했답니다.

더 이전에 생겨난 관용구, „Das sind zwei Hosen eines Tuches(한 천으로 만든 두 벌의 바지이다.)"도 역시 "매한가지다"라는 의미를 갖고 있습니다.

Beispiel

- Es ist Jacke wie Hose, welche Socken du trägst. Die sieht man ja eh nicht.
  네가 무슨 양말을 신는지는 상관이 없어. 보이지도 않을 텐데.
- Ob wir ins Café oder in die Kneipe gehen, das ist doch Jacke wie Hose. Hauptsache, wir essen etwas und plaudern gemütlich.
  우리가 카페를 가든, 술집을 가든 상관 없어. 중요한 건, 무엇이든 먹으며 기분 좋게 수다 떠는 거지.

Synonym

egal/gleichgültig sein; keinen Unterschied machen

Wörter

tragen–trug–getragen (양말, 신발을) 신고 있다, (옷을) 입고 있다
eh 어차피, 어쨌든 | die Kneipe, -n 술집
plaudern–plauderte–geplaudert 수다를 떨다
gemütlich 기분 좋은, 아늑한

jm. auf den Schlips treten

Wörtliche Übersetzung

누군가의 넥타이를 밟다

Quiz: Was bedeutet „jm. auf den Schlips treten"?

① 누구를 모욕하다
② 누구를 방해하다
③ 누구를 칭찬하다
④ 누구에게 선물을 주다

Bedeutung (ugs.)

누구를 모욕하다, 기분 나쁘게 하다

Herkunft

오늘날 독일에서는 Krawatte와 Schlips, 두 단어 모두 넥타이를 뜻하지만 옛날에 Schlips는 남성용 연미복의 길고 뾰족한 재킷 뒷자락이나 여성의 치마자락 등을 지칭하는 단어였습니다. 이 옷자락들은 땅에 끌릴 정도로 너무 길어서 종종 뒷사람이 밟았고 이는 옷 주인의 기분을 상하게 했습니다. 오늘날 Schlips가 넥타이를 지칭하는 단어로 변용되면서 이 관용구는 “누구를 모욕하다, 기분 나쁘게 하다” 라는 뜻으로 쓰이고 있습니다.

Beispiel

- Als der Chef seine Sekretärin nicht zurückgrüßte, fühlte sie sich auf den Schlips getreten.
  사장이 비서의 인사에 답하지 않자, 그녀는 기분이 나빴다.
- Heute musste ich über die rote Hose von Jan lachen. Ich wollte ihm nicht auf den Schlips treten, aber sie sah wirklich komisch aus.
  난 오늘 얀의 빨간 바지를 보고 웃을 수 밖에 없었어. 기분 나쁘게 할 마음은 없었지만, 정말 웃기게 생겼거든.

Synonym

jm. kränken / beleidigen

Wörter

die Sekretärin, -nen 여비서
zurückgrüßen-grüßte zurück-zurückgegrüßt 인사에 대답하다
lachen über etw./jn. ~를 비웃다

sein letztes Hemd hergeben

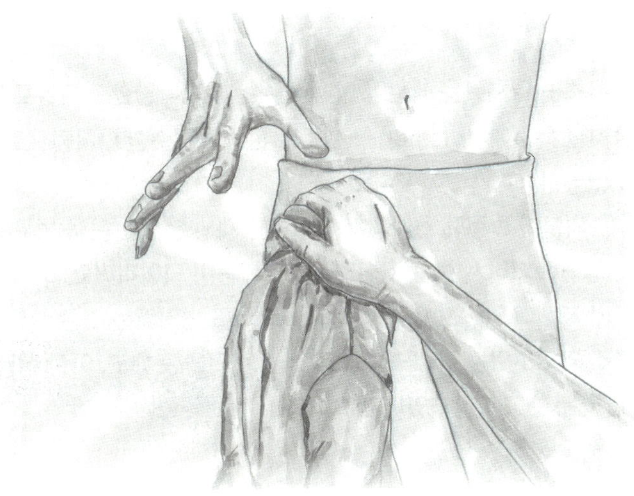

Wörtliche Übersetzung

그의 마지막 셔츠를 넘겨주다

Was bedeutet „sein letztes Hemd hergeben“?

① 고집부리다
② 물물교환하다
③ 헌신하다
④ 빚을 갚다

Bedeutung (ugs.)

헌신하다, 자신이 가진 전 재산을 주다

Herkunft

오늘날 셔츠는 다채로운 색깔과 디자인을 뽐내며 다양한 스타일로 입습니다. 하지만 옛날 독일에서 Hemd(셔츠)는 주로 흰색의 단순한 디자인으로 만들어진 속옷이었습니다.

사람들은 외출하고 집에 돌아와서 Hemd를 제외한 모든 옷을 벗고 편하게 있었죠. 만일 Hemd마저 벗는다면 그야말로 알몸이 되어버리고 말 겁니다! 그래서 누군가 자신이 가지고 있는 마지막 Hemd를 넘겨주는 것은 비유적으로 그 사람이 소유하고 있는 마지막 재산까지 주는 것을 뜻했고, 이런 행동에서 "헌신하다" 라는 뜻도 파생되었다고 합니다.

Beispiel

- Olga: Für die Flüchtlinge hatte sie ihr letztes Hemd hergegeben.
  Paula: Unglaublich!
  올가: 그녀는 난민들을 위해 그녀의 전 재산을 내놓았어.
  파울라: 믿기지가 않네!
- Ich weiß, dass er mich liebt. Er würde für mich sein letztes Hemd hergeben.
  그가 나를 사랑한다는 것을 알고 있다. 그는 나에게 자신의 모든 것을 줄거야.

Synonym

alles, was man noch besitzt, hergeben

Wörter

der Flüchtling, -e 망명자, 난민 | unglaublich 믿어지지 않는

sich auf die Socken machen

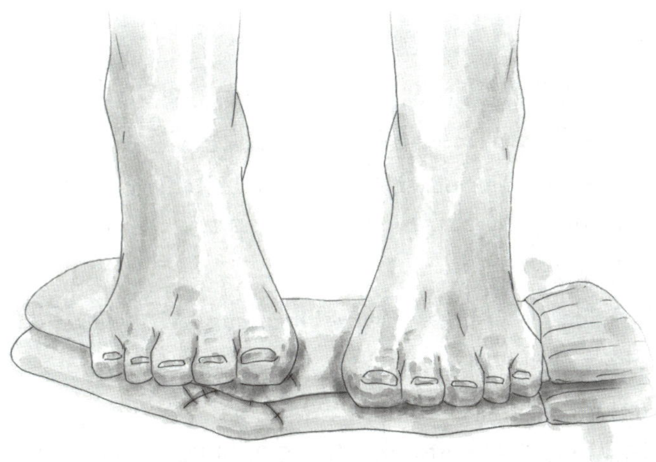

Wörtliche Übersetzung

양말 위에 서다

Quiz: Was bedeutet „sich auf die Socken machen"?

① 급히 떠나다
② 발을 씻다
③ 여행 중이다
④ 신발을 잃어버리다

Bedeutung (ugs.)

급히 떠나다, 출발하다

Herkunft

외출하기 전에 가장 마지막에 하는 일은 바로 신발을 신는 것입니다. 신발을 신어야만 비로소 밖으로 나갈 준비가 되었다는 것을 뜻하죠. 그렇다면 이 관용구는 sich auf die Socken(양말) machen이 아니라 sich auf die Schuhe(신발) machen이 되어야 하지 않았을까요? 이 관용구에 Schuhe 대신 Socken이 쓰인 이유가 있답니다.

양말은 Socke(복수형으로 Socken)은 라틴어 soccus(굽 낮은 반장화)에서 유래했습니다. 이 신발은 마치 발레리나의 토슈즈처럼 발을 포장지로 포장하듯 감싸고 발목까지 끈을 묶어서 신는다고 하네요. 이 신발을 신었을 때의 모양이 양말과 비슷해서 나중에는 양말을 의미하게 되었습니다. 이렇게 신발의 한 종류인 soccus에서 유래한 단어이기 때문에 이 관용구에 Schuhe 대신 Socken이 쓰이게 된 것이랍니다.

Beispiel

- Wir müssen uns jetzt auf die Socken machen, wenn wir rechtzeitig da sein wollen.
  제때에 도착하려면 우리 지금 출발해야 해.

Synonym

schnell weggehen; aufbrechen

Wörter

rechtzeitig 적시, 제때에

vor jm. den Hut ziehen

Wörtliche Übersetzung

~의 앞에서 모자를 벗다

Quiz: Was bedeutet „vor jm. den Hut ziehen"?

① 속내를 보이다
② 대머리다
③ 존경하다
④ 아부하다

Bedeutung (ugs.)

존경하다, 높이 평가하다

Herkunft

혹시 "모자를 벗는 것이 왜 예의를 갖추는 행동인가"에 대해 생각해 보신 적 있나요? 모자가 처음 등장했을 때에는 지배 계층과 성직자만이 모자를 쓸 수 있었으며 이후에도 모자는 계급의 상징이었습니다. 모자가 신체에서 가장 높고 눈에 띄는 부분에 위치했기에 그것을 쓴 사람이 누구인지를 잘 나타낼 수 있기 때문이었죠. 시간이 흘러 로마시대 이후로는 누구나 모자를 쓸 수 있었습니다. 반면 신, 왕, 죽음 앞에서는 모자를 벗어야만 했지요. 이 관습은 오늘날 우리 사회에서도 찾아볼 수 있습니다. 예를 들어 예배나 미사가 진행되는 도중에는 잠시 모자를 벗어둡니다. 또 장례식장에 들어갈 때 모자를 벗고 조의를 표하지요. 그리고 왕을 섬기는 일은 없어졌지만 애국가가 연주될 때 조국에 대한 사랑과 존경의 마음을 담아 모자를 벗습니다. 이와 같은 맥락에서 우리는 마주한 상대에 대한 예의와 존경을 표할 때에도 모자를 벗곤 합니다. 운동선수들이 관중에 대한 감사함을 담아 모자를 벗는 모습도 종종 볼 수 있지요. 그래서 관용적 표현으로 "모자를 벗는다(vor jm. den Hut ziehen)"라고 하면 "존경하다, 높이 평가하다"라는 의미를 가지게 되었습니다.

Beispiel

- Ich ziehe meinen Hut vor den Menschen, die ihre Fehler offen zugeben.
  나는 자신의 실수를 솔직히 인정하는 사람을 존경한다.

Synonym

jn. bewundern; Respekt bekunden

Wörter

zugeben-gab zu-zugegeben 인정하다

Klima

- [ ] in den Wind schlagen

  :

- [ ] von etw. Wind bekommen

  :

- [ ] jm. den Wind aus den Segeln nehmen

  :

- [ ] Schnee von gestern

  :

- [ ] vom Regen in die Traufe kommen

  :

- [ ] Sturm im Wasserglas

  :

- [ ] bei Nacht und Nebel

  :

- [ ] etw./jn. auf Eis legen

  :

- [ ] aus allen Wolken fallen

  :

- [ ] Die Sonne bringt es an den Tag

  :

in den Wind schlagen

Wörtliche Übersetzung

바람 속으로 치다

Quiz: Was bedeutet „in den Wind schlagen"?

① 때리다
② 허탕치다
③ 무시해 버리다
④ 사랑에 빠지다

Bedeutung (ugs.)

가볍게 무시하다

Herkunft

작센슈피겔(Sachsenspiegel)은 13세기에 집필된 독일 최초의 법전입니다. 법전에 따르면 증인이나 증거가 부족한 사건인 경우 두 당사자의 결투를 통해 판결을 내렸다고 합니다. 사람들은 신이 죄 없는 사람의 편을 들어 승패를 가려낸다고 생각했기 때문에 승자의 손을 들어주었습니다.
그런데 피고가 결투장에 나타나지 않으면 원고가 자신이 이겼다는 상징적인 행동으로 공기 중에 손을 세 번 휘둘렀고, 여기에서 이 관용구가 생겨났습니다. 그리고 지금은 의미가 변하여 경고나 조언, 기회 등을 “가볍게 무시한다”는 뜻으로 사용합니다.

Beispiel

- Unser Angebot hat er leider in den Wind geschlagen.
  그는 유감스럽게도 우리의 제안을 한 귀로 흘렸다.
- Du solltest meine Warnung vor ihm nicht in den Wind schlagen.
  내 경고를 한 귀로 흘리면 안 될 거야.

Synonym

ignorieren; nicht beachten

Wörter

das Angebot, -e 제안, 제시 | leider 유감스럽게도 | die Warnung, -en 경고
ignorieren-ignorierte-ignoriert 무시하다
beachten-beachtete-beachtet 명심하다

von etw. Wind bekommen

Wörtliche Übersetzung

~로 부터 바람을 받다

Quiz: Was bedeutet „von etw. Wind bekommen"?

① 바람을 피우다
② 눈치채다
③ 빠르게 움직이다
④ 어려움을 겪다

Bedeutung (ugs.)

눈치채다, 낌새를 알아채다

Herkunft

포근한 날에 선선한 바람까지 부는 것만큼 완벽한 날씨는 아마 없을 것입니다. 하지만 과거 사냥꾼들에게는 정말 최악의 날씨였을지도 모르겠습니다. 사냥꾼들이 아무리 은밀하고 조용하게 움직여도 노루나 멧돼지 같은 동물은 바람을 타고 흘러가는 사냥꾼의 냄새를 맡아 도망쳤기 때문입니다. 사냥꾼들에게 "바람"은 정말 골칫덩어리였죠. 사냥꾼들 사이에서는 "저 노루가 우리에게서 바람을 받았군!(Dieses Reh hat von uns Wind bekommen!)"은 "저 노루가 낌새를 알아챘군, 눈치를 채 버렸군!"을 의미하는 은어였고 오늘날에는 다양한 상황에서 쓰이며 주로 비밀스러운 것을 눈치챘을 때 사용합니다.

Beispiel

- Als er von dem Skandal Wind bekam, wusste er nicht, was er tun sollte.
  그가 스캔들에 대해서 눈치챘을 때, 그는 어찌해야 할지 몰랐다.
- Wie die Zeitung von den Bauplänen der Firma Wind bekommen hat, ist noch nicht geklärt.
  그 신문이 어떻게 회사의 건축계획을 알아챘는지는 아직도 불분명합니다.

Synonym

merken; spüren

Wörter

der Skandal, -e 스캔들, 소문 | der Plan, -¨e 계획
klären-klärte-geklärt 분명하게 하다, 명백히 밝히다

jm. den Wind aus den Segeln nehmen

Wörtliche Übersetzung

~의 돛에서 바람을 가져오다/빼버리다

Quiz: Was bedeutet „jm. den Wind aus den Segeln nehmen"?

① 주장을 꺾다
② 항해하다
③ 수출하다
④ 일이 잘 풀리다

Bedeutung (ugs.)

주장을 꺾다, 의도를 무산시키다

Herkunft

기계의 힘을 빌려 항해하기 전 바람은 배의 중요한 원동력이었습니다. 해상 전투에서 상대방 배를 바람이 불지 않는 지역으로 몰아 넣어 좌초시키는 전략을 쓸 수도 있었고, 무역에서는 출항 시간을 단축하기 위해 바람이 잘 들어오는 항구의 자리를 차지하려고 했죠. 배를 타는 사람에게 바람을 뺏는 것은 배는 물론 그 사람도 꼼짝 못하게 발을 묶어두는 일 입니다. 그래서 이 관용구는 사람이 말하려고 하는 것을 막는 상황에서 쓰이게 되어 "주장을 꺾다, 의도를 무산시키다"라는 의미가 되었습니다.

Beispiel

- Bei einer Diskussion muss man Argumente haben, die dem Gegner den Wind aus den Segeln nehmen.
  토론할 때는 반대편을 침묵시킬 수 있는 논거가 있어야 해.
- Mit deinem Gerede hast du meinem Vorhaben den Wind aus den Segeln genommen.
  네가 너무 떠벌려서 내 계획을 의미 없게 만들었어.

Synonym

ein Argumente entkräften; entmutigen

Wörter

das Argument, -e 논거 | der Gegner, - 반대편
das Gerede (sg.) 잡담, 수다 | das Vorhaben, - 계획

Schnee von gestern

Wörtliche Übersetzung

어제의 눈

Quiz: Was bedeutet „Schnee von gestern“?

① 옛 것에 대한 그리움
② 낡아서 쓸모 없어진 것
③ 빙산의 일각
④ 불투명한 미래

Bedeutung (ugs.)

낡아서 쓸모 없어진 것, 더 이상 흥미 없어진 것

Herkunft

이 관용구는 15세기 프랑스 시인 프랑수아 비용(François Villon)의 시, "지난날 당신의 발라드(„Ballade des dames du temps jadis" Ballade der Frauen von einst)"의 후렴구에서 유래되었습니다. "지난 날 당신의 발라드"는 비용의 유언 시집(Le testment)에 실린 작품으로 독일에서는 20세기 독일 배우 클라우스 킨스키(Klaus Kinski)가 낭송하여 많이 알려지게 되었습니다. 시인은 지나간 과거에 대한 동경과 그와 반대되는 현재와 미래에 대해 노래하고 있습니다. 시의 후렴구 "지난 해의 눈은 어디로 갔나(„Mais où sont les neiges d"automne?" Wo ist der Schnee des letzten Jahres?)?"에서 '지난 해의 눈'은 과거에 대한 동경을 상징합니다. 시간이 지나 "쓸모 없게 된 것, 더 이상 흥미 없어진 것"을 의미하게 되었습니다.

Beispiel

- Was heute in Mode ist, ist bald Schnee von gestern sein.
  오늘 유행하는 것이 내일이면 한 물 가는 거야.
- Karen: Sprichst du immer noch nicht mit Stefan?
- Iris: Ach, der Streit mit ihm ist doch schon Schnee von gestern!
  카렌: 스테판이랑 아직도 말 안 하니?
  이리슈: 어휴, 걔랑 싸운게 언제적 일인데!

Synonym

alte/langweilige Geschichte; nicht mehr aktuell

Wörter

in Mode sein 유행하다 | der Streit, -e 싸움, 다툼

vom Regen in die Traufe kommen

Wörtliche Übersetzung

비에서 처마 안으로 들어가다

Quiz: Was bedeutet „vom Regen in die Traufe kommen"?

① 날벼락을 맞다
② 더 큰 어려움이 닥친다
③ 일을 그르치다
④ 더위를 피하다

/ Klima >> 날씨 /

Bedeutung (ugs.)

작은 어려움을 피하니 더 큰 어려움이 닥친다

Herkunft

갑자기 비가 내리는 날, 처마 밑으로 비를 피한 경험이 있나요? 그런데 도리어 처마에서 넘쳐버린 물에 홀딱 젖어버린 적이 있을 겁니다. 이 관용구는 그러한 상황에서 유래하여 오늘날 "작은 어려움을 피하니 더 큰 어려움이 닥친다"는 의미로 사용되고 있습니다.

Beispiel

- Der Vorstand setzte große Hoffnung auf den neuen Trainer. Aber der brachte den Verein nur vom Regen in die Traufe.
  이사회는 새 트레이너에게 큰 희망을 걸었다. 그러나 그는 협회에 더 큰 부담만 안겨 주었다.
- Hanna wollte schnell in die Stadt und ließ ihr Auto stehen und rannte zum Bahnhof. Damit geriet sie vom Regen in die Traufe, denn wegen eines Streiks fuhren die Bahnen nur alle 20 Minuten.
  빨리 시내에 가기 위해 한나는 자동차를 세워 두고 지하철 역으로 달려 갔다. 그런데 설상가상으로 시위 때문에 전동차가 20분 마다 왔다.

Synonym

in eine noch unangenehmere Situation geraten

Wörter

die Traufe, -n 처마 | unangenehm 불쾌한, 싫은 | der Vorstand, -¨e 이사회
die Hoffnung setzen in etw. ~에 희망을 걸다 | der Streik, -s 파업

Sturm im Wasserglas

Wörtliche Übersetzung

물잔 속의 폭풍우

Quiz: Was bedeutet „Sturm im Wasserglas"?

① 사소한 일로 크게 소란을 피우는 것
② 독 안에 든 쥐
③ 우레와 같은 함성
④ 가장 핵심적인 것

Bedeutung (ugs.)

사소한 일로 크게 소란을 피우는 것

Herkunft

이 관용구의 유래를 살펴보면 고대 로마시대의 웅변가 키케로(Cicero)가 이미 "국자 안의 해일"이라는 표현을 사용한 것으로 알려져 있습니다. 그 후 프랑스의 계몽주의 철학자이자 작가로서 활동했던 몽테스키외(Montesquieu)가 세계에서 가장 작은 나라에서 일어난 정치적 사건을 "잔 속의 폭풍우"라고 한 것에서 관용구가 유래되었습니다. 이후 1930년 브루노 프랑크(Bruno Frank)가 "물잔 속의 폭풍우(Sturm im Wasserglas)"라는 제목의 희곡을 발표하며 독일에서 일상적으로 쓰이기 시작했습니다.

Beispiel

- Die kurzfristige Aufregung um ein Zerwürfnis mit den Arbeitnehmervertretern entpuppte sich als Sturm im Wasserglas.
  노동자 대표와 다퉜던 짧은 소동은 사소한 일로 소란을 피웠던 것으로 드러났다.
- Der ganze Wirbel war nichts als ein Sturm im Wasserglas; die vermeintlichen Einbrecher entpuppten sich als harmlose Handwerker.
  일련의 소동은 별 일 아니었다; 침입자로 추정되는 자들은 선한 수공업자로 밝혀졌다.

Synonym

viel Aufregung wegen einer Kleinigkeit

Wörter

kurzfristig 단기의 | die Aufregung, -en 소동, 소란 | das Zerwürfnis, -se 다툼, 불화 | der Arbeitnehmer, - 피고용자, 노동자 | der Vertreter, - 대리인, 대표자 | sich entpuppen-entpuppte-entpuppt 가면을 벗다, 정체를 드러내다 | der Wirbel, - 혼란, 소란 | vermeintlich 추정의 | der Einbrecher, - 침입자, 강도 | harmlos 악의가 없는 | der Handwerker, - 수공업자

bei Nacht und Nebel

Wörtliche Übersetzung

밤과 안개에서

Quiz: Was bedeutet „bei Nacht und Nebel"?

① 음산한
② 아무도 모르게
③ 조용한
④ 공기가 탁한

Bedeutung (ugs.)

아무도 모르게, 몰래

Herkunft

독일법에서 „Nacht und Nebel“은 범죄가 일어나는 어두운 저녁이나 밤 시간을 나타낸 용어로 사용되었습니다. 이 용어는 후에 군사 작전명으로도 쓰였는데요. 1941년 12월 7일, 히틀러는 나치 정권에 반대하는 사람들을 비밀리에 체포하여 강제수용소에 수감시키는 명령을 내렸다고 합니다. 이 때 Nacht und Nebel을 줄여서 NN으로 작전명을 기록했다고 하네요. 이 표현의 의미가 확장되어 오늘날엔 특히 외부에 새어나가면 안되는 행위나 지시를 내릴 때 쓰입니다.

Beispiel

- Die Diebe machten sich bei Nacht und Nebel aus dem Staub.
  도둑들은 아무도 모르게 사라졌다.
- Tim sprühte die Graffitis an Häuserwände bei Nacht und Nebel.
  팀은 어두운 밤에 집 외벽에 그라피티를 그렸다.

Synonym

im Verborgenen; im Geheimen

Wörter

der Dieb, -e 도둑 | sich aus dem Staub machen 사라지다
sprühen-sprühte-gesprüht 뿌리다 | die Häuserwand, -¨e 집 외벽

etw./jn. auf Eis legen

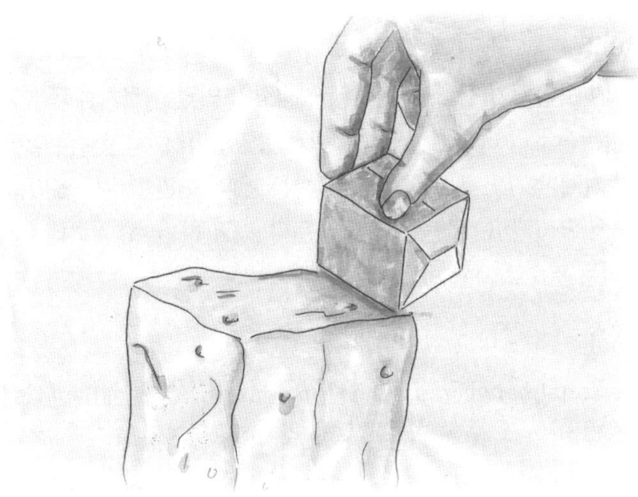

Wörtliche Übersetzung

무엇/누구를 얼음 위에 두다

Quiz: Was bedeutet „etw./jn. auf Eis legen“?

① 보류하다
② 괴롭히다
③ 유지하다
④ 시작하다

Bedeutung (ugs.)

보류하다, 연기하다

Herkunft

냉장고가 보급되기 전, 우리나라에 석빙고가 있었던 것처럼 독일에도 얼음을 보관하는 장소인 아이스켈러(Eiskeller)가 있었습니다. 사람들은 얼음을 이용해 음식을 차게 먹기도 했지만 음식을 상하지 않게 보관할 수도 있었습니다. 이런 풍습에서 유래되어 "얼음 위에 올려둔다"라고 하면 "연기하다, 미루다, 보류하다"라는 뜻으로 사용합니다.

Beispiel

- Aus Personalmangel muss die Firma das neue Projekt auf Eis legen.
  회사는 인력부족으로 새 프로젝트를 연기하였다.
- Das Experiment wird wegen der Krankheit des Leiters vorläufig auf Eis gelegt.
  실험은 책임자의 발병으로 인해 잠정 중단되었다.

Synonym

etw. verschieben; aufschieben; ruhen lassen

Wörter

der Mangel, -¨ 결핍, 부족 | der Leiter, - 관리자, 지도자, 지휘자
vorläufig 잠정적인, 일시적인

aus allen Wolken fallen

Wörtliche Übersetzung

모든 구름에서 떨어지다

Quiz: Was bedeutet „aus allen Wolken fallen“?

① 실수하다
② 곤경에 처하다
③ 환상에서 깨다
④ 크게 다치다

Bedeutung (ugs.)

환상에서 깨어나다, 현실에 직면하다

Herkunft

하늘 위를 나는 것이 상상으로나 가능했던 시절, 하늘은 사람들에게 닿을 수 없는 곳이었으며 구름은 신비로운 것이었습니다. 고대 그리스에서 구름은 상상과 꿈의 세계를 상징하였고 반대로 땅은 현실을 상징하였습니다. 그래서 구름에서 떨어진다는 말은 환상이나 상상 속에서 현실로 돌아온다고 해석되어 "환상에서 깨어나다, 현실에 직면하다"라는 의미로 쓰입니다.

Beispiel

- Als ich die Nachricht bekam, fiel ich aus allen Wolken.
  그 소식을 듣자 나는 너무 놀랐다.
- Heinz fiel aus allen Wolken, als er erfuhr, dass er in eine andere Abteilung versetzt wird.
  하인츠는 다른 부서로 전근된다는 소식에 깜짝 놀랐다.

Synonym

völlig überrascht sein

Wörter

die Nachricht, -en 소식 | die Abteilung, -en 부서
versetzen-versetzte-versetzt 옮기다

Die Sonne bringt es an den Tag

Wörtliche Übersetzung

태양이 그것을 낮으로 가져온다

Quiz: Was bedeutet „Die Sonne bringt es an den Tag"?

① 날이 맑다
② 고난을 극복하다
③ 진실이 밝혀지다
④ 유흥을 즐기다

Bedeutung (ugs.)

진실이 밝혀지다

Herkunft

이 관용구는 그림형제의 동화 중에서 한 잔혹한 이야기에 등장합니다. 어느 날 주인공은 가난을 참지 못해 길에서 마주친 유대인을 죽이고 맙니다. 유대인은 죽기 전 주인공을 향해 "태양이 그것을 낮으로 가져올거야"라고 말합니다. 언젠가 주인공의 죄가 밝혀질 것을 경고한 말이지요. 시간이 흘러 주인공은 자신의 죄를 아내에게 털어놓게 됩니다. 결국 마을 사람들 모두 그 사실을 알게 되고 주인공은 재판을 받았습니다. 유대인의 말처럼 태양은 어둠을 밀어내고 세상을 밝게 비추어 모든 것이 명백히 드러나게 해주었습니다. 이 이야기에서 "진실이 밝혀지다"라는 뜻의 관용구가 생겨났습니다.

Beispiel

- Ole: Mein Nachbar hat mein Auto zerkratzt, was er aber leugnet. Aber die Polizei sagt, dass es eine Überwachungskamera gibt.
  Erik: Ja, ja. Die Sonne bringt es an den Tag. Er wird wohl den Schaden ersetzen müssen.
  올레: 이웃이 내 자동차를 긁어놓고, 아니라고 부인하고 있는데, 경찰이 CCTV가 있대.
  에릭: 거봐. 진실은 밝혀지는 거야. 그 사람 분명 배상할 수밖에 없을걸.

Synonym

enthüllen; entdecken; offenbaren

Wörter

zerkratzen-zerkratzte-zerkratzt 긁어 흠을 내다
leugnen-leugnete-geleugnet 부인하다
Schaden ersetzen 손해를 배상하다

Körperteile

☐ Hand und Fuß haben

:

☐ etw. nicht übers Herz bringen

:

☐ Haare auf den Zähnen haben

:

☐ die Nase voll haben

:

☐ jm. unter die Haut gehen

:

☐ auf großem Fuß leben

:

☐ ein Auge zudrücken

:

☐ jn. auf den Arm nehmen

:

☐ die Gelegenheit beim Schopf fassen

:

☐ jm. die Daumen drücken

:

Hand und Fuß haben

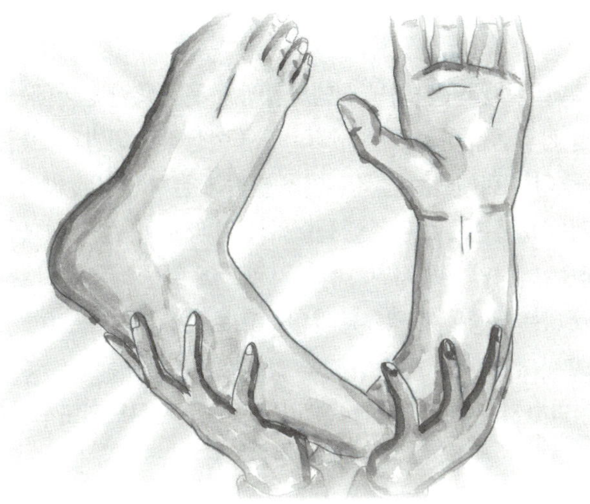

Wörtliche Übersetzung

손과 발이 모두 있다

Quiz: Was bedeutet „Hand und Fuß haben“?

① 흠 잡을 곳이 없는
② 일반적인
③ 죽이 척척 맞는
④ 건강한

Bedeutung (ugs.)

흠 잡을 곳이 없다, 잘 준비하다, 근거를 가지고 있다

Herkunft

옛날에 죄질이 나쁘지만 사형을 집행하기에 너무 가혹한 경우에는 범죄자의 다리나 손을 잘라 처벌하기도 했습니다. 오른손잡이는 왼발과 오른손이 잘렸는데요. 말을 타기 위해서는 먼저 왼발을 발판에 걸쳐 안장에 앉아야 했고, 싸우기 위해서는 오른손으로 무기를 들어야 했기 때문이었습니다. 당시 말타고 전투를 잘하는 남성일수록 지위가 높았기 때문에 말을 타지 못하고 무기를 들어 싸우지 못하는 남성은 제 역할을 못한다고 보았죠.

이 관용구의 반대말인 "손과 발이 모두 없다(Weder Hand noch Fuß haben)"라는 표현은 "이건 완벽하지 못해, 이건 아니야"라는 뜻으로 사용되기도 합니다.

Beispiel

- Was er sagt, hat immer Hand und Fuß.
  그가 하는 말은 언제나 사리에 맞아.
- Sein Vorschlag hatte Hand und Fuß.
  그의 제안은 완벽해.

Synonym

gut geplant / gut vorbereitet sein

Wörter

sagen-sagte-gesagt 말하다 | immer 언제나, 항상
der Vorschlag, -¨e 제안

etw. nicht übers Herz bringen

Wörtliche Übersetzung

심장을 넘어 가져올 수 없다

Quiz: Was bedeutet „etw. nicht übers Herz bringen"?

① 가슴 깊이 담아두다
② 고백하지 못하다
③ 짝사랑하다
④ 차마 하지 못하다

Bedeutung (ugs.)

(마음이 아파) 차마 하지 못하다

Herkunft

아리스토텔레스(Aristoteles)는 심장에 영혼이 담겨있다고 생각했습니다. 그래서 인지 Herz는 심장과 마음을 의미합니다. 예를 들어 Herzschmerz는 "마음의 고통", herzlich는 "진심으로"라는 뜻이며, hartes Herz를 가진 사람은 냉철한 사람을 가리키는 말입니다. 그렇다면 이 관용구은 어떤 경우에 쓰일까요? 마음 속에 하고자 하는 말을 꼭꼭 숨겨두고 차마 마음이 아파 표현하지 못할 때 사용합니다.

Beispiel

- Ich kann es nicht übers Herz bringen, so etwas zu tun.
  그런 짓은 인정상 할 수 없다.
- Ich sollte wegen des Umzuges meine Katze weggeben, aber ich brachte es nicht über das Herz.
  나는 이사 때문에 내 고양이를 다른 사람에게 주어야 했지만 차마 그러지 못했어.

Synonym

zu etw. nicht fähig sein

Wörter

wegen+G. ~때문에 | der Umzug, -¨e 이사
weggeben-gab weg-weggegeben 넘겨 주다

Haare auf den Zähnen haben

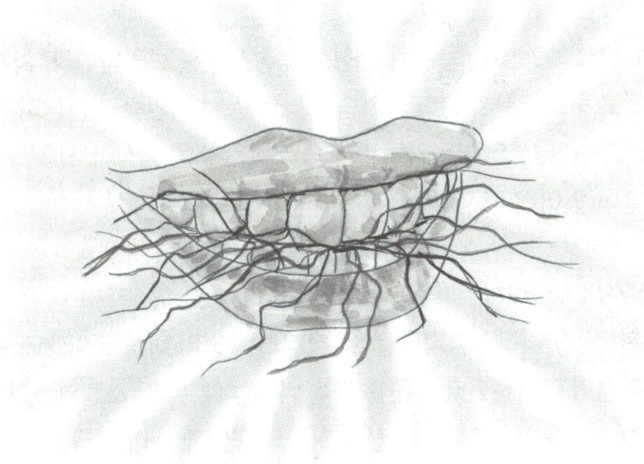

Wörtliche Übersetzung

이빨 위에 머리카락이 있다

Quiz: Was bedeutet „Haare auf den Zähnen haben"?

① 털이 많다
② 드세다
③ 멍청하다
④ 비웃다

Bedeutung (ugs.)

드세다, 깐깐하다, 우악스럽다

Herkunft

중세시대 남성의 장발은 용기와 남성성의 상징으로 보았습니다. 사자의 갈기 같은 두껍고 탐스러운 수염이나 가슴에 나있는 털은 권력의 상징이었죠. 그림 형제의 책에는 "남성의 머리카락과 가슴의 털은 힘을 상징하고, 겨드랑이와 음부에 털이 있어야 남자다(Voller Haarwuchs an Kopf und Bart ist Zeichen der Kraft, und als Mann wird im deutschen Rechte der erkannt, der Haare am Bart, unter den Armen und an den Schamteilen hat)"라고 쓰여있습니다. 그런데 참 아이러니하게도 이 관용구는 주로 여성에게 쓰는 관용구입니다. "남자다움"을 상징하는 털이 여성의 이빨에 솟아 있다는 것은 여성이 공격적으로 말하는 것을 비난할 때 "우악스럽다, 드세다"라는 뜻으로 "남자다움"을 상징하는 털이 여성의 이빨에 솟아 있다고 말하게 되었습니다.

Beispiel

- Sie hat Haare auf den Zähnen und lässt sich nichts gefallen.
  그녀는 매우 드세고 지질 않아.
- Pass auf, wenn du mit ihm redest! Der hat Haare auf den Zähnen.
  그와 말할 때는 조심해! 입이 아주 거칠어.

Synonym

zäh, robust und hart im Nehmen sein

Wörter

sich etw. gefallen lassen 감수하다

die Nase voll haben

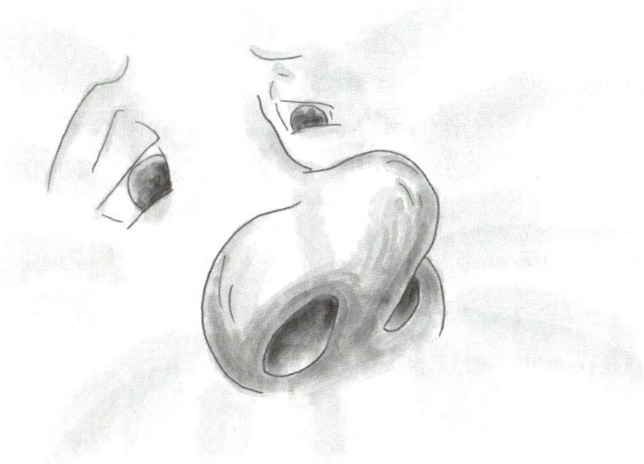

Wörtliche Übersetzung

코가 가득 차 있다

Quiz: Was bedeutet „die Nase voll haben"?

① 머리가 아프다
② 감기가 걸리다
③ 지긋지긋하다
④ 일이 순조롭지 못하다

Bedeutung (ugs.)

지긋지긋하다, 질려버리다, 두 손 두 발 다 들다

Herkunft

두덴(Duden)사전에서는 진절머리가 날 정도의 극한 스트레스를 받으면 코 점막이 붓는 현상에서 이 관용구가 유래되었다고 설명합니다.
또한 이 표현은 옛날 독일에서 깡패나 건달들이 사용했던 은어라고 합니다. 외부인들이 모르는 비속어나 은어를 사용하여 그들만의 동질감을 느끼거나 결속력을 다졌는데요. 특히 교도소에서 체벌로 코를 맞아 시뻘겋게 부어 올라 너무 고통스러운 수감자가 "더 이상 견디기 힘들다"라고 말하고 싶을 때 „Ich habe die Nase voll"이라고 했다는군요.

Beispiel

- Ich habe die Nase voll von der ständigen Werbung im Fernsehen!
  TV에서 나오는 끝없는 광고가 너무 지긋지긋해!
- Ich habe die Nase voll von deinen Ausreden.
  네 핑계가 지겹다.

Synonym

genug haben; leid sein; sich aufregen; sich ärgern

Wörter

ständig 끊임없이, 지속적으로 | die Werbung, -en 광고
die Ausrede, -n 핑계, 변명

jm. unter die Haut gehen

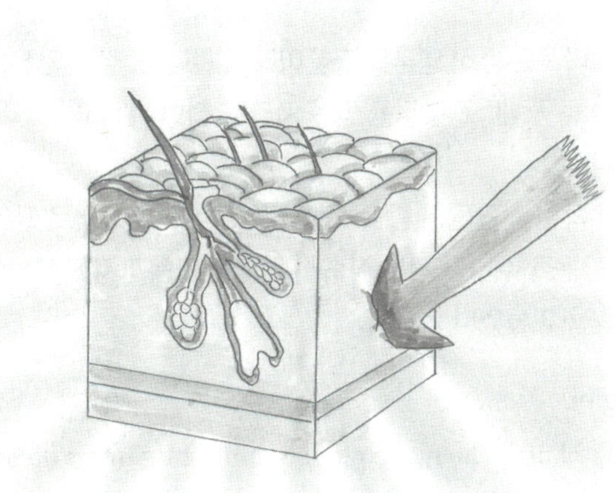

Wörtliche Übersetzung

누군가의 피부 아래로 가다

Quiz: Was bedeutet „jm.unter die Haut gehen"?

① 깨끗이 씻다
② 소름돋다
③ 괴로움을 느끼다
④ 불안하다

Bedeutung (ugs.)

소름돋다

Herkunft

사람의 마음은 흔히 영혼의 그릇이라고 합니다. 깊은 인상을 남기는 글을 읽거나 말을 들을 때, 또는 감동 받는 사건을 접할 때 우리는 "마음에 와 닿는다"라고 합니다.

그런데 독일 사람들은 좀 더 직접적으로 "피부 아래로 들어간다"라고 표현합니다. 감동을 주려면 피부 깊숙히 위치한 마음까지 도달해야하기 때문에 이러한 표현을 만들었나 봅니다.

Beispiel

- Dein Lied über die Liebe gingen mir richtig unter die Haut.
  너의 사랑 노래는 가슴을 파고드네.
- Seine Kriegserlebnisse ging mir unter die Haut.
  그의 전쟁경험은 나를 몸서리치게 했어.

Synonym

erregen; berühren

Wörter

das Lied, -er 노래 | die Haut, -¨e 피부 | das Kriegserlebnis, -se 전쟁경험

auf großem Fuß leben

Wörtliche Übersetzung

큰 발 위에 살아가다

Quiz: Was bedeutet „auf großem Fuß leben"?

① 자신에게 맞지 않는 일을 하다
② 인간관계가 넓다
③ 사치스럽게 살다
④ 과하게 자랑하다

Bedeutung (ugs.)

사치스럽게 살다

Herkunft

중세 프랑스 그라프 폰 앙쥬(Graf von Anjou) 백작의 커다란 신발에서 유래하였습니다. 백작은 매우 부유하고 명망있는 인사였습니다. 그러나 백작에게는 한 가지 큰 문제가 있었는데, 바로 흉측한 종양이 있는 발이었죠. 그래서 종양을 숨기기 위해 구두장이에게 부탁해 앞 부분이 부리 모양인 큰 구두를 신고 다녔습니다. 같은 도시에 사는 시민들은 백작이 신은 큰 구두에 관심을 갖게 되었죠. 그래서 큰 구두를 신는 것이 유행으로 번지게 되었습니다.그러나 비싼 가격탓에 부유한 사람만이 큰 구두를 신을 수 있었기에, 그 후 큰 구두를 신는 사람은 돈이 많고 사치스러운 사람으로 여겨지게 되었습니다. 이를 계기로 이 관용구는 "사치스럽게 산다"라는 의미를 가지게 되었습니다.

Beispiel

- Niemand weiß, wie er es sich leisten kann, auf so großem Fuß zu leben.
  그가 어떻게 그 많을 돈을 쓸 수 있는지 아무도 알지 못한다.
- Seitdem er von seinem Großvater ein Vermögen geerbt hat, lebt er auf großem Fuß.
  할아버지로부터 재산을 물려받은 뒤부터 그는 호화스러운 생활을 한다.

Synonym

aufwändig leben; viel Geld ausgeben

Wörter

sich leisten-leistete-geleistet (지불) 능력이 되다, 향유하다

ein Auge zudrücken

Wörtliche Übersetzung

한 쪽 눈을 감다

Quiz: Was bedeutet „ein Auge zudrücken"?

① 눈 감아주다
② 불만이 있어 흘겨보다
③ 넌지시 유혹하다
④ 집중하여 쳐다보다

Bedeutung (ugs.)

눈 감아주다, (관대하게) 봐주다

Herkunft

우리는 실수를 저질렀을 때 종종 “못 본 척 해주세요, 눈 감아주세요” 라고 말하는 것처럼 독일 사람들도 관대하게 봐달라는 뜻으로 “한 쪽 눈을 감아주세요” 라고 관습적으로 말합니다. 중세시대에 피고에게 관대한 판결이 내려졌을 때, 이를 넌지시 알리기 위해 판사가 피고에게 애꾸눈인 법원직원과 함께 애꾸눈을 가진 말을 보내는 풍습이 있었다고 합니다. 여기에서 유래하여 한 쪽 눈을 감고 있는다는 표현은 그 사람의 잘못에 대해 관대하게 봐 준다는 의미가 되었습니다.

Beispiel

- Du hast heute einen großen Fehler gemacht! Aber diesmal werde ich ein Auge zudrücken.
  오늘 넌 큰 실수를 한 거야! 그러나 이번에는 눈감아 줄게.
- Ich hatte falsch geparkt. Aber der Polizist drückte ein Auge zu und stellte keinen Strafzettel aus.
  주차를 잘못했는데, 경찰은 눈 감아주고 딱지를 떼지 않았다.

Synonym

jm. eine Tat nachsehen / etw. tolerieren; auf Strafe verzichten / etw. wohlwollend übersehen

Wörter

zudrücken- drückte zu-zugedrückt 밀어서 닫다
ausstellen-stellte aus-ausgestellt 발급하다
der Strafzettel, - 벌금 고지서

jn. auf den Arm nehmen

Wörtliche Übersetzung

누군가를 팔 위에 올려놓다

Quiz: Was bedeutet „jn. auf den Arm nehmen“?

① 희롱하다
② 힘이 세다
③ 기대고 싶다
④ 안기다

Bedeutung (ugs.)

희롱하다, 조롱하다

Herkunft

갓난아기가 혼자서 설 수 있을 때까지 부모님의 팔에 의지하여 지냅니다. 어렸을 때에는 부모님의 손길이 필요하지만 점차 부모님의 품에서 벗어나게 됩니다. 더군다나 다 큰 성인을 부모님이 안아올리는 일은 없겠지요. 그래서 이 관용구는 성인을 나이에 걸맞지 않게 어린이로 취급하는 경우에 빗대어 조롱의 의미로 쓰입니다.

Beispiel

- Andi: Was? Eine Flasche Bier kostet 15 Euro? Wollen Sie mich auf den Arm nehmen?
  안디: 뭐라고요? 맥주 한 병에 15유로라고요? 장난치시는 거예요?

Synonym

mit jm. seine Späße treiben

Wörter

mit jm. Späße treiben 누구에게 장난을 치다

Die Gelegenheit beim Schopf fassen

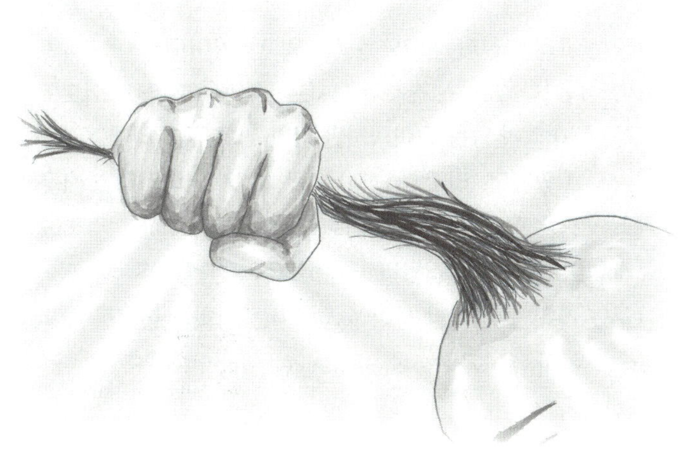

Wörtliche Übersetzung

기회의 정수리를 잡다

Quiz: Was bedeutet „Die Gelegenheit beim Schopf fassen“?

① 눈 깜짝할 사이에 지나가다
② 목표를 이루다
③ 허를 찌르다
④ 기회를 놓치지 않고 잡다

Bedeutung (ugs.)

기회를 놓치지 않고 잡다

Herkunft

이 관용구는 그리스 신화에 나오는 기회의 신, 카이로스(Kairos)의 모습에 빗대어 만들어졌습니다. 그리스 조각가 리시포스(Lysippos)가 신의 외모에 관해 말하기를 "그는 뒷머리가 없는 민머리지만 이마 위쪽, 정수리에는 곱슬곱슬한 머리털을 가지고 있었다."라고 했습니다. 뒷통수가 민머리이기 때문에 이미 돌아선 기회의 신은 잡을 수 없지만 기회의 신이 다가올 때 정수리에 있는 머리를 빠르게 낚아채 "기회를 잡았다" 라는 표현이 생긴 거죠.
이 관용구는 특히 눈 깜짝할 사이에 지나가는 기회를 잡았을 때 사용합니다. 또한 fassen 동사 대신에 ergreifen/packen/nehmen(붙잡다/움켜잡다/잡다)을 사용하기도 합니다.

Beispiel

- Wenn dir ein guter Job angeboten wird, dann fasse die Gelegenheit beim Schopf!
  네게 좋은 직장이 주어지면, 기회를 놓치지 말고 잡아!
- Morgen beginnt der Sommerschlussverkauf. Ich werde die Chance beim Schopf fassen und ein schönes Kleid kaufen.
  내일 여름 마감 세일이 시작한다. 나는 이 기회를 놓치지 않고 예쁜 원피스를 살거야.

Synonym

einen günstigen Umstand nutzen

Wörter

anbieten-bot an-angeboten 제안하다, 제공하다
der Sommerschlussverkauf, -¨e 여름 마감 세일

jm. die Daumen drücken

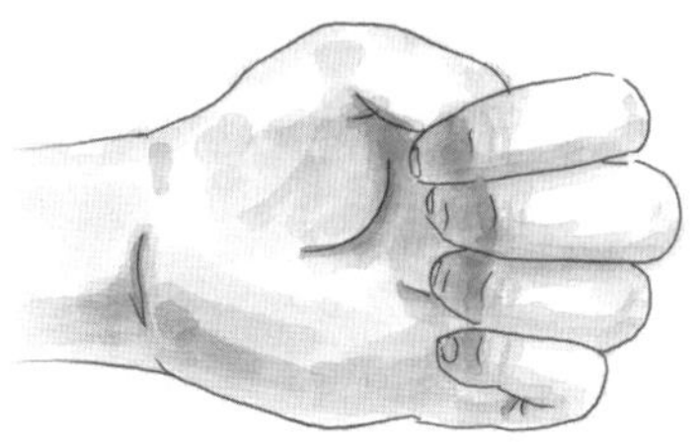
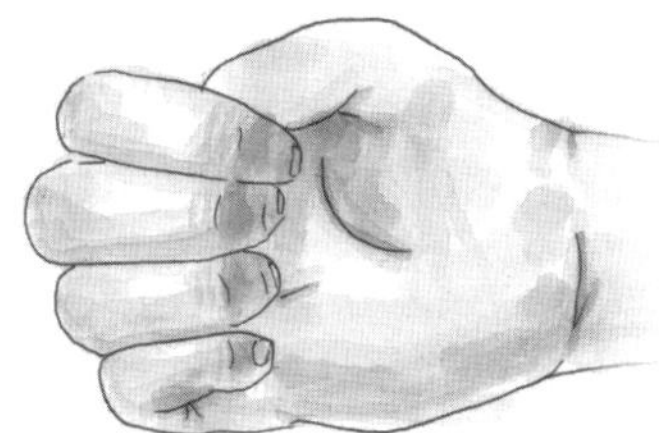

Wörtliche Übersetzung

누군가에게 엄지손가락을 누르다

Quiz: Was bedeutet „jm. die Daumen drücken"?

① 퇴짜를 놓다
② 완곡히 거절하다
③ 행운을 빌다
④ 싸움을 걸다

Bedeutung (ugs.)

행운을 빌다

Herkunft

이 관용구는 고대 로마의 검투사 경기에서 유래되었습니다. 경기를 관람하던 관중들이 패배한 검투사의 목숨을 살려달라고 할 때, 팔을 쭉 뻗고 엄지 손가락을 나머지 네 손가락이 감싸는 손동작을 했다고 전해집니다. 관중들이 보내는 이 손동작이 검투사에게는 행운으로 여겨졌겠지요. 이것이 오늘날까지 이어져 행운을 기원할 때 사용되고 있습니다. 시험을 앞둔 사람에게 시험을 잘 보라는 응원의 표시로 이 동작을 하기도 하죠. 점차 사람들은 손동작 뿐만 아니라 „jm. die Daumen drücken"이라는 표현 자체를 행운을 기원 할 때에 사용하게 되었습니다.

Beispiel

- Ich wünsche dir viel Glück bei deinem Examen und drücke dir ganz fest die Daumen.
  네가 시험을 잘 치르도록 행운을 빌게.
- Heute habe ich einen wichtigen Entschluss gefasst. Drück mir bitte die Daumen!
  오늘 나는 중요한 결정을 했어. 행운을 빌어줘.

Synonym

jm. gutes Gelingen wünschen; jm. bei der Bewältigung einer Aufgabe viel Glück wünschen

Wörter

das Examen, Examina (국가) 시험
einen Entschluss fassen 결심(결단)하다

Möbel

☐ in den eigenen vier Wänden

:

☐ zwischen zwei Stühlen sitzen

:

☐ nicht alle Tassen im Schrank haben

:

☐ etw. auf die lange Bank schieben

:

☐ unter den Teppich kehren

:

☐ weg vom Fenster sein

:

☐ mit der Tür ins Haus fallen

:

☐ etw. unter Dach und Fach bringen

:

☐ ins Fettnäpfchen treten

:

☐ über den Tisch ziehen

:

in den eigenen vier Wänden

Wörtliche Übersetzung

자신의 4개의 벽 안에서

Quiz: Was bedeutet „in den eigenen vier Wänden"?

① 집 안에서
② 직장에서
③ 차 안에서
④ 탈의실에서

Bedeutung (ugs.)

집 안에서, 집에서

Herkunft

독일에서 둘 다 "벽"을 의미하는 „Wand"와 „Mauer"는 무슨 차이가 있을까요? 과거 게르만인들은 우리나라 초가집의 흙벽처럼 새끼줄이나 나뭇가지를 엮어 세운 뒤 진흙을 덧발라 벽을 만들었습니다. „winden(꼬다, 엮다)"에서 „Wand"가 파생되었죠. „Mauer"는 라틴어 „murus(벽)"에서 차용된 단어로 주로 돌로 이루어진 벽을 의미합니다. 시간이 흘러 돌로 만든 벽인 „Mauer"는 특성상 주로 건물의 외벽을 지칭하게 되었고 그와 반대로 „Wand"는 실내의 벽을 지칭하는 말로 굳어지게 되었어요. 따라서 이 관용구의 4개의 벽(Wand)으로 둘러 싸인 곳은 실내를 나타내고 여기에 „eigen(나만의, 고유한)"이 덧붙여져 한 개인의 아주 사적인 공간 „Haus(집), Wohnung(주택), Zimmer(방)"을 의미하게 되었습니다.

Beispiel

- Immer mehr Menschen möchten in ihren eigenen vier Wänden wohnen.
  점점 더 많은 사람들이 자기 소유의 집에서 살기를 원한다.
- So schön es im Urlaub auch ist, man ist doch froh, wieder in seinen eigenen vier Wänden zu sein.
  휴가가 아무리 좋아도, 자신의 집에 돌아오는 것은 즐거운 일이다.

Synonym

daheim; eigene Wohnung; eigenes Haus

Wörter

immer mehr 점점 더 많이 | froh 기쁜

zwischen zwei Stühlen sitzen

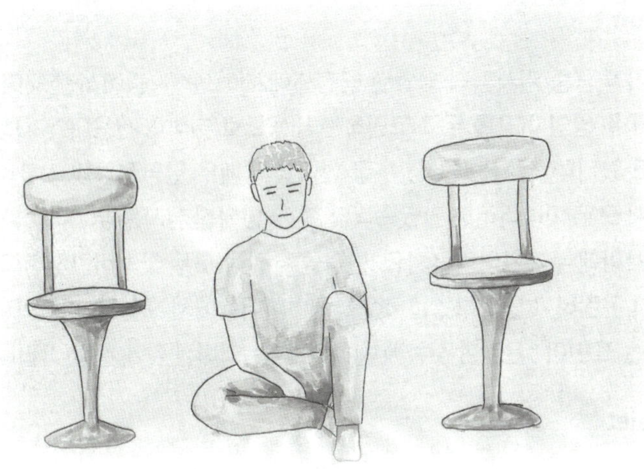

Wörtliche Übersetzung

두 의자 사이에 앉다

Quiz: Was bedeutet „zwischen zwei Stühlen sitzen"?

① 숨다
② 우유부단하다
③ 웃음거리가 되다
④ 곤란한 상황에 처하다

Bedeutung (ugs.)

곤란한 상황에 처하다, 결정하기 어려운 상황을 두고 고민에 빠지다

Herkunft

13세기경 궁중 기사들이 읊었던 궁정연애시(Minnesang) 중에서 변덕이 심한 한 남자가 두 명의 여자를 두고 고민하는 내용으로부터 이 관용어가 처음 사용되었다고 합니다. 남자는 둘 중 누굴 선택할지 매우 갈팡질팡했고 그러다 결국 두 여자 모두 떠나버리고 말았습니다. 혼자 남겨진 남자는 두 여자가 앉아있던 의자 사이에 주저앉아버렸지요. 변덕을 부리다 모두 놓쳐버린 남자의 심정은 굉장히 곤란하고 난감하였을 것입니다. 이 내용에서 오늘날 "두 의자 사이에 앉다"는 표현이 "곤란한 상황에 처하다"라는 의미를 갖게 된 것이랍니다.

Beispiel

- Nari hat auf einmal einen Studienplatz in Hamburg und in Heidelberg bekommen. Nun sitzt sie zwischen zwei Stühlen.
  나리는 함부르크와 하이델베르크에서 동시에 대학입학 허가를 받았다. 그녀는 어디로 갈까 고민 중이다.
- Wenn sich die Eltern scheiden lassen, sitzen die Kinder oft zwischen zwei Stühlen.
  부모가 이혼을 하면 자녀들은 갈등에 빠진다.

Synonym

hin- und hergerissen sein; sich im Interessenkonflikt befinden

Wörter

einen Studienplatz bekommen 대학입학 허가를 받다
sich scheiden lassen 이혼하다

nicht alle Tassen im Schrank haben

Wörtliche Übersetzung

모든 잔이 찬장 안에 없다

Quiz: Was bedeutet „nicht alle Tassen im Schrank haben"?

① 예의가 없다
② 제정신이 아니다
③ 배가 고프다
④ 티가 나다

Bedeutung (ugs.)

제정신이 아니다, 미치다

Herkunft

여러분은 어떤 일을 하기 전 이건 꼭 있어야해! 하는 것들이 있나요? 가령 시험 공부를 하기 전에 차분한 음악이 필요하다거나 따듯한 코코아를 내가 좋아하는 머그잔에 꼭 마시고 싶어! 하는 것처럼요. 이 관용구에서 "찬장 속 잔들"은 "이성적인 행동을 하기 위해 필요한 것"을 상징하고 있습니다. 여러 유래가 전해지고 있지만, 제일 유력한 것은 "잔(Tassen)"이 이디시어 "toschia(토시아)"의 철자를 틀리게 표기하여 생긴 관용구라는 것입니다. "toschia"는 "슬기, 정신, 사고"를 의미합니다. "찬장(Schrank)"은 찻잔을 보관하는 곳이니 "toschia"가 담겨있는 머리를 상징하는 것이지요. 그러므로 "toschia"가 없다는 것은 "정신이 나갔다, 제정신이 아니다, 미치다"라는 표현입니다. 비슷한 우리말로 "나사가 빠지다"가 있겠네요.

Beispiel

- Bei dem Wetter willst du in den Wald gehen? Du hast doch nicht alle Tassen im Schrank!
  이 날씨에 숲에 간다고? 너 제 정신이 아니구나!
- Wer denkt, dass wir ohne Bäume leben können, hat nicht alle Tassen im Schrank.
  우리가 나무가 없어도 살 수 있다고 생각하는 사람은 제 정신이 아니다.

Synonym

verrückt sein; eine Macke haben

Wörter

verrückt 미친, 제 정신이 아닌 | die Macke, -n 별난짓, 미친짓

etw. auf die lange Bank schieben

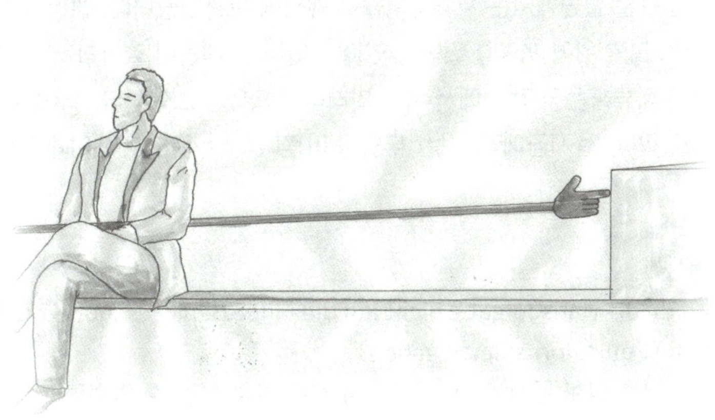

Wörtliche Übersetzung

~을 긴 의자 위로 밀다

Quiz: Was bedeutet „etw. auf die lange Bank schieben"?

① 정리하다
② 쌓아 놓다
③ 재촉하다
④ 미루다

Bedeutung (ugs.)

미루다, 질질 연기하다

Herkunft

15세기 독일 법원에서는 서류뭉치들을 궤짝에 보관했습니다. 궤짝에 서류가 꽉 차면, 궤짝 위에 서류를 쌓아 두었다고 합니다. 재판이 길어지거나, 해결되지 않은 서류들은 궤짝 위에서 뒤로 밀려나게 되었다고 합니다. "무엇을 긴 의자 위로 밀다"는 지금에 와서는 "무엇을 미루다"라는 뜻으로 쓰이게 되었습니다.

Beispiel

- Wenn du die Hausaufgabe nicht auf die lange Bank geschoben hättest, könntest du sofort spielen gehen.
  네가 숙제를 질질 끌지 않았으면, 지금 바로 놀러 나갈 수 있었을 거야.
- Kundenbeschwerden sollte man nicht auf die lange Bank schieben. Das schadet dem Ruf einer Firma.
  고객의 민원은 지연시키면 안 된다. 회사의 평판에 해롭다.

Synonym

etw. aufschieben; eine Sache hintanstellen

Wörter

die Bank, -¨e 벤치, 걸상 | schieben-schob-geschoben 밀다, 미루다
die Kundenbeschwerde, -n (고객의) 민원 | schaden 해치다, 손상시키다
der Ruf (sg.) 명성

unter den Teppich kehren

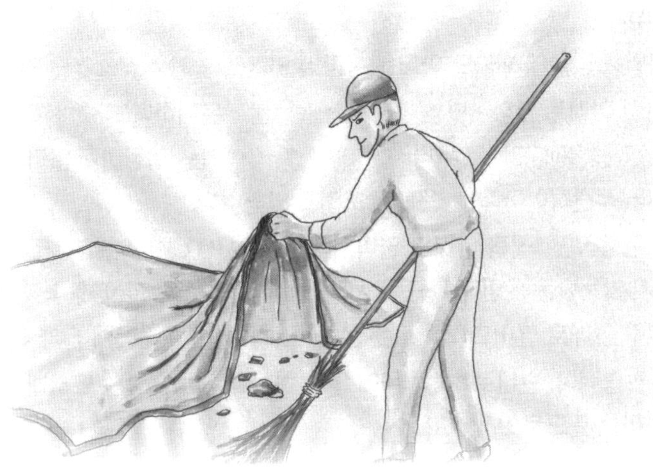

Wörtliche Übersetzung

카펫 아래로 쓸다

Quiz: Was bedeutet „unter den Teppich kehren"?

① 집어넣다
② 속이다
③ 은폐하다
④ 참다

Bedeutung (ugs.)

은폐하다, 비밀로 하다

Herkunft

중세 독일 사람들에게 카펫 아래는 종종 무언가를 숨기는 장소였던 것 같습니다. "카펫 아래로 쓸다(unter den Teppisch kehren)"는 "은폐하다"라고 쓰이며 이와 반대로 "카펫 위에 그대로 두다(auf dem Teppich bleiben)"는 "과장하지 않다, 현실을 직시하다, 객관적이다"라는 뜻으로 쓰이고 있습니다.

비슷한 관용어인 "식탁 아래로 떨어지다(unter den Tisch fallen)"는 불쾌한 얘기를 언급하지 않는다는 뜻인데요. 중세 시대에 식사를 하고 난 뒤에 음식 찌꺼기나 뼈를 식탁 아래로 떨어뜨려 기르는 동물에게 먹이는 풍습에서 유래되었다는 견해가 있습니다. 반대로 "식탁 위에 두다(auf dem Tisch legen)"는 "드러내 놓고 얘기하다"라는 뜻으로 쓰입니다.

Beispiel

- Fast jeder möchte unangenehme Tatsachen gern unter den Teppich kehren.
  거의 모든 사람들은 불편한 사실들을 감추고 싶어 한다.
- Der Vorstand in Frankfurt will die Probleme unter den Teppich kehren.
  프랑크푸르트 수뇌부는 문제들을 은폐하려고 한다.

Synonym

verschweigen; verheimlichen; vertuschen

Wörter

der Vorstand, -¨e 간부, 수뇌부
vertuschen-vertuschte-vertuscht 숨기다, 감추다

weg vom Fenster sein

Wörtliche Übersetzung

창문에서 사라지다

Quiz: Was bedeutet „weg vom Fenster sein"?

① 잊히다
② 높은 곳에서 떨어져서 죽다
③ 개방하다
④ 여행을 떠나다

Bedeutung (ugs.)

잊히다, 주목을 받지 못하다

Herkunft

이 관용구는 탄광 지역에서 유래되었습니다. 지하 1,000m 아래 깊은 갱도에서 작업하는 광부들은 폐에 먼지가 가득 쌓여 호흡 곤란에 자주 시달렸습니다. 그래서 공기가 잘 통하는 창가에 앉아있는 광부들의 모습을 종종 볼 수 있었지요. 이러한 호흡기 질환이나 탄광 내의 사고로 광부들의 사망률은 높은 편이었습니다. 이제는 탄광산업의 쇠락으로 광부들이 창가에 앉아 있는 모습을 보기 힘들어졌는데요. 여기에서 "창문에서 멀어지다(weg vom Fenster sein)"라는 표현이 생겨났습니다. 이 관용구는 점차 "잊혀지다, 주목을 받지 못하다" 라는 뜻으로 확장되었습니다.

Beispiel

- Mit allen Mitteln will die Schauspielerin die ihre Karriere erzwingen. Wer nicht kämpft, ist schnell weg vom Fenster.
  그 여배우는 무슨 수를 써서라도 출세하고 싶어한다. 그렇지 않은 배우는 금세 잊혀질 것이다.
- Die Medizintechnik ist eine sehr innovative Branche. Das heißt: Wer eine Entwicklung verpasst, ist weg vom Fenster.
  의학기술은 가장 혁신적인 분야 중 하나이다. 즉, 발전단계를 놓치는 자는 주목 받지 못하게 된다.

Synonym

in Vergessenheit geraten

Wörter

das Mittel, - 수단, 방법 | die Karriere, -n 출세, 성공
erzwingen-erzwang-erzwungen 강제로 얻고자 하다

mit der Tür ins Haus fallen

Wörtliche Übersetzung

문과 함께 집으로 넘어지다

Quiz: Was bedeutet „mit der Tür ins Haus fallen"?

① 집을 부수다
② 초대하다
③ 말을 함부로 뱉다
④ 농담하다

Bedeutung (ugs.)

말을 함부로 뱉다, 불쑥 자기 용건을 말하다

Herkunft

문은 외부와 내부를 이어주는 연결고리입니다. 내부는 사적인 공간이므로, 들어오기 전에 노크를 하는 등 지켜야 할 예의범절이 있습니다. 그런데 햇빛이 내리쬐는 평화로운 주말 오후, 느긋하게 커피를 마시며 책을 읽는 와중에 갑자기 현관문이 넘어지면서 모르는 사람이 쓰러지듯 들어온다면 어떤 기분이 들까요? 집주인은 문을 열고 집에 들어온 것(eintreten)이 아니라 현관문이 넘어지면서 쓰러지듯(fallen) 들어온 방문자의 갑작스러운 방문에 깜짝 놀라고 부서진 문에 기분도 나쁠 것입니다.

대화를 할 때에도 마찬가지지요. 말을 하는 도중 누군가 불쑥 끼어들거나 말을 가로채는 행위, 또한 무리한 부탁을 갑자기 요구하는 것은 “문과 함께 집으로 넘어지는” 행위와 다를 바 없을 것입니다. 이렇게 대화를 할 때 무례하게 말하는 사람에게 이 관용구를 사용합니다.

Beispiel

- Entschuldigung, dass ich so mit der Tür ins Haus falle, aber hast du mal 100€ für mich?
  너무 불쑥 말해서 미안한데 100유로만 나에게 빌려 줄 수 있니?
- Bernd fiel mit der Tür ins Haus und teilte uns das Datum seiner Hochzeit mit.
  베른트는 불쑥 자신의 결혼날짜를 알려주었다.

Synonym

sich nicht mit Höflichkeiten aufhalten

Wörter

die Höflichkeit, -en 예의 | sich aufhalten-hielt auf-aufgehalten 머무르다

etw. unter Dach und Fach bringen

Wörtliche Übersetzung

~를 지붕과 벽 아래로 가져오다

Quiz: Was bedeutet „etw. unter Dach und Fach bringen"?

① 정점에 서다
② 마무리 짓다
③ 거주하다
④ 휴식하다

Bedeutung (ugs.)

성공적으로 마무리 짓다, 완수하다

Herkunft

여러분에게 "집"은 어떤 공간인가요? 살면서 가장 긴 시간을 보내는 곳이며, 다양한 추억을 쌓는 공간인 집은 사람들에게 아마도 특별한 휴식의 장소일 것입니다.

집은 안전한 보금자리로써 외부의 위험을 막을 수 있는 "지붕과 벽"이 있어야 비로소 제 기능을 할 수 있습니다. 그래서 „unter Dach und Fach"는 집을 상징하는 동시에 "완성된" 혹은 "완결된"의 의미를 가집니다. 때문에 이 관용구는 안전하고 완성된 공간인 집으로 무언가를 가져왔다는 뜻으로 "성공적으로 마무리 짓다, 완수하다"라는 의미로 사용합니다.

Beispiel

- Der Vertrag ist endlich unter Dach und Fach gebracht.
  계약이 드디어 성사되었다.
- Endlich haben wir unsere Arbeit unter Dach und Fach gebracht. Nun können wir nach Hause gehen.
  드디어 우리 작업을 완수했어. 이제 집에 가도 되겠어.

Synonym

etw. erfolgreich abschließen / etw. in Sicherheit bringen

Wörter

der Vertrag, -¨e 계약 | endlich 드디어
abschließen-schloss ab-abgeschlossen 끝내다, 완성하다
die Sicherheit, -en 안전(성)

ins Fettnäpfchen treten

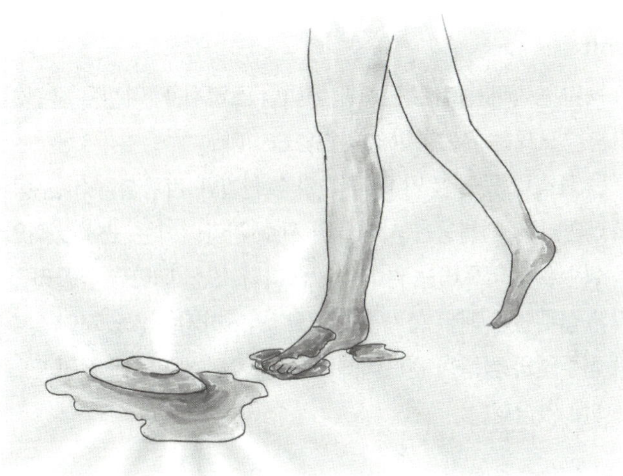

Wörtliche Übersetzung

기름통을 밟다

Quiz: Was bedeutet „ins Fettnäpfchen treten"?

① 신중하게 생각하다
② 낙방하다
③ 재주를 부리다
④ 실수로 심통을 건드리다

Bedeutung (ugs.)

실수로 심통을 건드리다, 경솔한 의견으로 무례를 저지르다

Herkunft

19세기 독일 농가에는 화로 근처에 햄이나 소시지, 베이컨을 훈연하면서 떨어지는 기름을 모으는 기름통이 놓여있었습니다.
이 기름은 요리나 등불 뿐만 아니라 가죽 신발에 기름칠을 하는 등 다양한 용도로 쓰였습니다. 기름통은 사람들이 자주 지나다니는 곳에 놓여있었기 때문에 이를 실수로 넘어트리는 일이 잦았습니다. 그럴 때마다 엎질러진 기름을 닦을 생각에 집주인은 매우 화가 났겠지요. 의도하지는 않았지만 실수로 기름통을 밟아 집주인의 심통을 건드리게 된 상황에서 생겨난 표현이 오늘날까지 이어져 쓰이고 있습니다.

Beispiel

- Tischsitten, Kleiderordnung, Umgangsformen – Möglichkeiten, ins Fettnäpfchen zu treten, gibt es jede Menge.
  테이블매너, 드레스코드, 에티켓 – 무례를 저지를 기회는 많다.
- Mit dem Witz über Schwiegermütter ist mein Mann ganz schön ins Fettnäpfchen getreten.
  장모님들에 관한 유머 때문에 남편은 무례를 저질렀어.

Synonym

jm. versehentlich beleidigen

Wörter

die Tischsitte, -n 식사 예절 | die Kleiderordnung, -en 드레스코드

über den Tisch ziehen

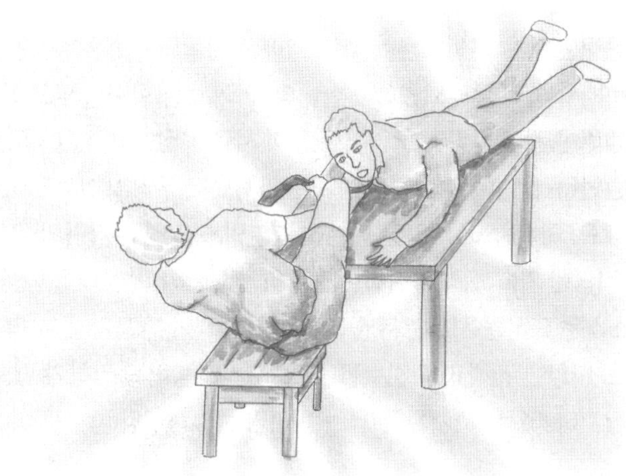

Wörtliche Übersetzung

테이블 위로 당기다

Quiz: Was bedeutet „über den Tisch ziehen"?

① 싸우다
② 사기치다
③ 도와주다
④ 강요하다

Bedeutung (ugs.)

사기치다

Herkunft

이 관용구는 매년 바이에른(Bayern)지역에서 개최되는 전통놀이인 손가락 레슬링(Fingerhakeln)에서 유래되었다고 합니다. 이 게임은 탁자를 두고 상대방과 마주 보고 앉아 중지를 갈고리 모양으로 걸어 서로를 잡아당겨 끌려오는 사람이 지는 게임입니다. 힘이 센 사람은 중지 손가락으로 무려 150kg까지도 들 수 있다고 하네요. 하지만 이 게임은 단순히 힘뿐만 아니라 손가락의 고통을 참는 인내심, 적당한 기술 그리고 뛰어난 전략이 필요합니다. 상대를 방심시키기 위해 고통스러운 표정을 지으면서 끌려가는 척 하다가 갑자기 있는 힘껏 당기는 것처럼요. 다양한 전략과 속임수를 갖고 있는 사람이 승리하기 때문에 "테이블 위로 당기다"에서 "사기치다"라는 의미가 생겼습니다.

Beispiel

- Da hat er dich wohl über den Tisch gezogen, würde ich sagen.
  난 그가 네게 사기쳤다고 생각해.
- Der Gebrauchtwagenhändler versuchte, den Kunden über den Tisch zu ziehen.
  중고 자동차 판매업자는 고객에게 사기를 치려고 시도했다.

Synonym

übervorteilen; betrügen

Wörter

ziehen-zog-gezogen 잡아 끌다, 끌어 당기다

Wilhelm
HINZ
KUNZ
Mein Name ist Hase
Namen
GLÜC

☐ Hinz und Kunz

:

☐ Mein Name ist Hase

:

☐ den dicken Wilhelm spielen/machen

:

☐ nach Adam Riese

:

☐ jm. den schwarzen Peter zuschieben

:

☐ im Adamskostüm

:

☐ bei Adam und Eva anfangen

:

☐ alt wie Methusalem

:

☐ ein Hans im Glück

:

Hinz und Kunz

Wörtliche Übersetzung

힌츠와 쿤츠

Quiz: Was bedeutet „Hinz und Kunz"?

① 개나 소나
② 왕과 왕비
③ 청년과 노인
④ 너와 나

/ Namen >> 이름 /

Bedeutung (ugs.)

개나 소나, 아무나

Herkunft

11~13세기 독일에서는 하인리히와 콘라드라는 이름을 가진 왕들이 유독 많았습니다. 신기하게도 이 이름을 가진 왕들은 백성들에게 사랑과 존경을 받았습니다. 그래서 많은 사람들이 그들의 이름을 따서 자식의 이름으로 부여했습니다. 시간이 흐르면서 이 이름은 우리나라의 "철수와 영희"처럼 아주 흔한 이름이 되었습니다. 하인리히(Heinrich)의 애칭은 힌츠(Hinz)이고, 콘라트(Konrad)의 애칭은 쿤츠(Kunz)이기때문에 „Hinz und Kunz"라고 하면 "개나 소나, 아무나"라는 뜻이 되었습니다.

Beispiel

- Mich interessiert nicht, was Hinz und Kunz von mir denken.
  다른 사람들이 나에 대해서 어떻게 생각하는지 난 관심 없다.
- Auf der Veranstaltung waren Hinz und Kunz.
  행사에 개나 소나 다 왔었다.

Synonym

jeder Menschen; jedermann

Wörter

sich interessieren-interessierte-interessiert 관심을 가지다
denken-dachte-gedacht 생각하다

Mein Name ist Hase

Wörtliche Übersetzung

나의 이름은 하제입니다

Quiz: Was bedeutet „Mein Name ist Hase"?

① 나는 토끼처럼 재빠릅니다
② 나는 아무것도 모릅니다
③ 나는 눈치가 빠릅니다
④ 나는 미련합니다

/ Namen >> 이름 /

Bedeutung (ugs.)

나는 아무것도 모릅니다

Herkunft

이번 관용구는 19세기 중반 독일의 하이델베르크 법과대학 학생이었던 빅토르 폰 하제(Viktor von Hase)가 한 말에서 생겨났습니다. 하제는 죄를 짓고 프랑스로 도망치려고 하는 학우를 도와준 혐의로 법정에 출두하게 되었습니다. 하제는 법정에서 받은 모든 질문을 한가지 답으로 일관했습니다. "저의 이름은 하제입니다, 저는 신원조회에 대한 질문은 사절합니다, 저는 아무것도 알지 못합니다(Mein Name ist Hase, ich verneine die Generalfragen, ich weiß von nichts)." 하제의 대답은 유명한 표현으로 자리잡았고 시간이 지나 질문에 대해 모르쇠로 일관하며 발뺌할 때 이 관용구를 사용하게 되었습니다.

Beispiel

- Mein Name ist Hase. Ich weiß von nichts.
  제 이름은 하제입니다. 저는 아무것도 모릅니다.
- Als wir Ferdinand, den Frechdachs, wegen der verschwundenen Keksdose zur Rede stellten, gab er uns nur „Mein Name ist Hase" zur Antwort.
  우리가 장난꾸러기 페르디난트에게 사라진 과자통에 대해 묻자, 그는 그저 "내 이름은 하제인데요(나는 아무 것도 모르는데요)."라는 답만 했다.

Synonym

Ich habe keine Ahnung

Wörter

nichts 아무것도 ~ 않다, 조금도 ~이 아니다 | die Keksdose, -n 과자통
der Frechdachs, -e 장난꾸러기 | zur Rede stellen 해명을 요구하다
die Ahnung, -en 예감, 예견

den dicken Wilhelm spielen/machen

Wörtliche Übersetzung

뚱뚱한 빌헬름 역할을 하다

Quiz: Was bedeutet „den dicken Wilhelm spielen/machen"?

① 부유한 삶을 살다
② 자랑하다
③ 살이 찌다
④ 겸손한 삶을 살다

Bedeutung (ugs.)

자랑하다, 허풍떨다, 자만하다

Herkunft

이 관용구의 주인공은 독일의 마지막 황제 빌헬름 2세(Whilhelm II)입니다. 빌헬름 2세는 "카이저(Kaiser)"라는 황제의 호칭을 얻을 정도로 군사적으로 뛰어난 왕이었지만 한편으로는 아주 방탕한 삶을 즐겼습니다. 대외적으로도 아주 무례하여 자만한 왕으로 알려졌고, 자국의 소설 뿐만 아니라 영국의 셜록 홈즈나 프랑스의 아르센 뤼팽 시리즈에서도 거만한 빌헬름 2세의 모습을 찾아볼 수 있습니다. 이러한 왕의 방탕한 삶과 오만한 모습에서 이 관용구는 "자랑하다, 자만하다"라는 뜻으로 자리잡게 되었습니다.

Beispiel

- Er fühlt sich nur wohl, wenn er den dicken Wilhelm spielen kann.
  그는 허풍을 떨 때만 만족감을 느낀다.
- Mein Bruder sagt immer zu mir, wenn ich sein Auto ausleihen will, dass ich vorsichtig sein soll und nicht den dicken Wilhelm machen soll.
  형은 내가 자동차를 빌려달라고 하면, 어디서든 조심하고 자랑하지 말라고 당부한다.

Synonym

sich aufspielen; prahlen

Wörter

fühlen-fühlte-gefühlt 느끼다, 예감하다 | wohl 편안한, 좋은
ausleihen-lieh aus-ausgeliehen 빌려주다
sich aufspielen-spielte auf-aufgespielt 자랑하다, 뻐기다
prahlen-prahlte-geprahlt 거만하게 뽐내다, 과시하다

nach Adam Riese

Wörtliche Übersetzung

아담 리제에 따르면

Quiz: Was bedeutet „nach Adam Riese“?

① 정확하게
② 그러므로
③ 이에 따라
④ 합쳐서

Bedeutung (ugs.)

정확하게 얘기하자면

Herkunft

16세기에 독일에서 태어난 아담 리제(Adam Riese)는 계산법의 선구자였습니다. 그가 집필한 수많은 교육용 수학책은 학교에서 널리 사용되었습니다. 이 책들은 독일 상업 산술의 발전에 지대한 영향을 끼쳤다고 하네요. 아담 리제의 계산법에 따라 수학 문제를 풀면 정확한 답을 빠르게 구할 수 있었기 때문에 이 관용구가 생겼다고 합니다.

Beispiel

- Eins plus eins macht nach Adam Riese zwei.
  1 더하기 1은 정확하게 2다.
- Wenn ich eine Tüte Bonbons, in der 12 Stück drin sind, auf meine 2 Freunde und mich verteilen soll, dann macht das nach Adam Riese für jeden von uns 4 Bonbons.
  친구 두 명과 내가 12개 들어있는 사탕봉지를 나눠 가질때, 각각 정확하게 4개씩 가지면 된다.

Synonym

mathematisch; richtig

Wörter

die Tüte, -n 종이봉지 | das Stück, -e 개(개수) | der/das Bonbon, -es 사탕
der Freund, -e 친구들
verteilen-verteilte-verteilt 가르다, 분할하다, 분배하다

jm. den schwarzen Peter zuschieben

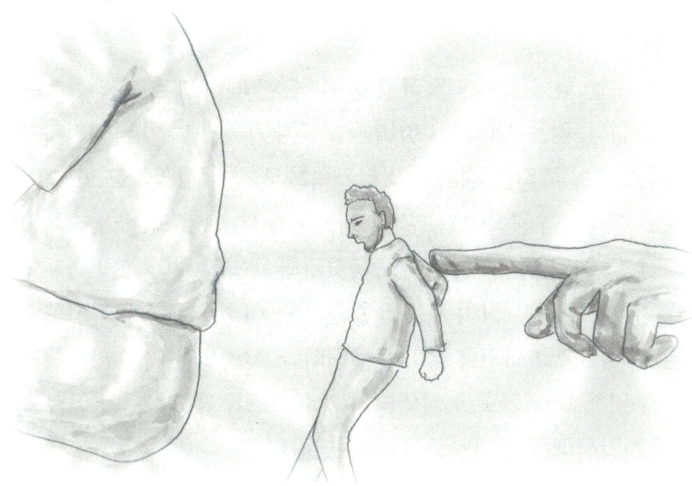

Wörtliche Übersetzung

누군가에게 검은 페터를 밀어서 건네주다

Quiz: Was bedeutet „jm. den schwarzen Peter zuschieben"?

① 무시하다
② 경쟁심이 강하다
③ 밀어 넘어뜨리다
④ 책임을 전가하다

/ Namen >> 이름 /

Bedeutung (ugs.)

책임을 전가하다

Herkunft

이번 관용구는 늙고 검은 페터라고 불린 "요한 페터 페트리(Johann Peter Petri)"와 관련 있습니다. 검은 페터라고 하여 자칫 피부가 까만 흑인 남성이라고 생각할 수 있지만, 사실 페터는 검정색 머리카락을 가진 남자였다고 합니다. 페터는 도둑질로 수감되어 감옥에서 "검은 페터(Schwarzer Peter)"라는 카드 게임을 만들었습니다. 이 게임은 우리나라의 도둑잡기와 규칙이 같아 게임 마지막에 페터 카드를 가지고 있는 사람이 지는 게임인데요. 이 게임은 지금까지도 독일에서 친구들 사이에 술값 내기로 많이 사용됩니다. 사람들은 다른 사람에게 술값을 떠넘기기 위해 페터 카드를 상대방이 가져가도록 유도하는데 이런 행동에서 "책임을 전가하다" 라는 관용구가 생겨났습니다.

Beispiel

- Alle Beteiligten schieben sich gegenseitig den Schwarzen Peter zu.
  모든 참가자들이 책임을 상대방에게 전가한다.
- Warum bin ich allein für die Niederlage verantwortlich? Ich lasse mir den schwarzen Peter nicht zuschieben!
  왜 나만이 패배에 책임을 져야해? 더 이상 나에게만 책임을 전가할 수 없어!

Synonym

jm. die Schuld in die Schuhe schieben; jn. für etw. verantwortlich machen

Wörter

der/die Beteiligte 참여자
zuschieben-schob zu-zugeschoben 밀어넣다, 누구에게 밀다
gegenseitig 서로 | verantwortlich 책임이 있는 | die Niederlage, -n 패배

im Adamskostüm

Wörtliche Übersetzung

아담의 옷을 입고

Quiz: Was bedeutet „im Adamskostüm“?

① 순수한
② 정직한
③ 태초의
④ 나체로

Bedeutung (ugs.)

나체로, 전라로

Herkunft

독일에서는 벌거벗거나 노출이 심한 의상을 입었을 때, 남성에게는„im Adamskostüm" 을 여성에게는 „im Evaskostüm" 이라고 합니다. 성경에 나오는 최초의 인간, 아담과 이브의 모습에서 생긴 표현이지요.

성경의 창세기 2장 25절에는 "그리고 아담과 이브는 둘 다 벌거벗고 있었고, 부끄러워하지 않았다(Und sie waren beide nackt, der Mensch und sein Weib, und schämten sich nicht)." 라는 구절이 있습니다. 아담과 이브가 뱀의 꼬임에 넘어가 선악과를 먹은 이후 아무 것도 입지 않은 모습에 부끄러움을 느끼게 되었다는 이야기는 아주 유명합니다.

Beispiel

- Oh, Gott! Auf was für eine Party gehst du denn heute? Du bist ja fast im Adamskostüm.
  어머! 너 오늘 무슨 파티에 가니? 너의 노출이 너무 심해.
- Im Badeanzug oder auch im Adamskostüm stürzten sie sich in die Fluten der sieben Grad kalten Nordsee.
  수영복을 입었든지 혹은 알몸이든지 그들은 7도의 차가운 북해의 물 속으로 뛰어들었다.

Synonym

unbekleidet; nackt; entkleidet

Wörter

die Party, -s 파티 | der Badenanzug, -¨e 수영복
sich stürzen-stürzte-gestürzt 몸을 던지다,덤벼들다
die Flut, -en 밀물, 큰 물결

bei Adam und Eva anfangen

Wörtliche Übersetzung

아담과 이브에서 시작하다

Quiz: Was bedeutet „bei Adam und Eva anfangen"?

① 처음부터 설명하다
② 횡설수설하다
③ 아주 오래 전부터 존재하다
④ 진실을 깨닫게 되다

Bedeutung (ugs.)

맨 처음부터 설명하다, 본론에 들어가기 전에 길게 설명하다,

Herkunft

성경은 하나님이 창조한 최초의 인간, 아담과 이브의 이야기로 시작합니다. 이 표현은 장황하게 첫 부분부터 구구절절 설명할 때 사용합니다. 굳이 설명 안 해도 되는 것까지 말해 이야기가 지루해진 상황에서 "아담과 이브에서 시작했다"라고 표현 할 수 있는 거죠.

Beispiel

- Wir sollten zur Sache kommen und nicht wieder bei Adam und Eva beginnen.
  우리는 바로 본론으로 들어가는 것이 좋겠어, 처음부터 시작하지 말고.
- Wenn mein Vater etwas erzählt, fängt er immer bei Adam und Eva an.
  아버지는 어떤 이야기를 들려주실 때, 항상 처음부터 다시 시작하신다.

Synonym

ganz von vorn anfangen und nicht gleich zum Thema kommen

Wörter

zur Sache kommen 본론으로 들어 가다
anfangen-fing an-angefangen 시작하다

alt wie Methusalem

Wörtliche Übersetzung

메투살렘만큼 늙은

Quiz: Was bedeutet „alt wie Methusalem"?

① 어른이 말하기를
② 장유유서
③ 아주 늙은
④ 모든 일엔 순서가 있으니

Bedeutung (ugs.)

아주 늙은

Herkunft

사람의 평균 수명이 짧았던 옛날, 오래 사는 것이 매우 드문 일이었습니다. 98세까지 살았다고 알려진 고구려 장수왕은 오늘날의 기준으로도 매우 오래 살았다고 할 수 있습니다. 독일에서 장수한 대표적인 인물로는 메투살렘(Methusalem, 므두셀라)을 들고 있습니다. 메투살렘은 성경에서 가장 오래 산 인물로 노아의 방주를 만든 노아의 할아버지입니다. 창세기에 따르면 무려 969세까지 살았다고 합니다. 상식으로는 믿기 어려운 나이 덕분에 장수의 상징이 될 수 있었지요. 평균 수명보다 훨씬 더 오래 사는 사람을 메투살렘에 비유하여 이 관용구를 사용하게 되었습니다.

Beispiel

- Ich fühle mich so alt wie Methusalem, weil ich Rückenschmerzen und Gelenkentzündung habe und sehr vergesslich bin.
  허리통증이랑 관절염도 있고 무엇을 잘 잊어버리는 것을 보니, 나도 아주 늙어버린 기분이구나.
- Wenn du so alt wie Methusalem bist, dann wirst du alles verstehen.
  너도 아주 늙으면, 다 이해할거야.

Synonym

sehr alt

Wörter

sich fühlen-fühlt-gefühlt 느끼다 | die Rückenschmerzen (pl.) 허리통증
die Gelenkentzündung, -en 관절염 | vergesslich 잘 잊어버리는
verstehen-verstand-verstanden 이해하다

ein Hans im Glück

Wörtliche Übersetzung

운이 좋은 한스

Quiz: Was bedeutet „ein Hans im Glück"?

① 천진난만한 사람
② 어디서나 볼 수 있는 흔한 성격의 사람
③ 운이 좋은 사람
④ 만사형통인 사람

Bedeutung (ugs.)

운이 좋은 사람

Herkunft

그림형제의 동화 <Hans im Glück(운 좋은 한스)>는 주인공 한스가 7년 동안 일한 품삯으로 머리 만한 금 한 덩어리 하나를 받아 집으로 돌아가는 여정을 담고 있습니다. 집으로 돌아가는 길, 한스는 금덩어리를 말로, 말을 소로, 소를 오리로 바꿉니다. 자기가 갖고 있는 물건보다 가치가 낮은 물건으로 바꾸어, 마지막에 한스에게 남겨진 것은 고작 돌덩이 2개뿐이었죠. 기나긴 여정에 지친 한스는 우물가에서 물을 마시려고 고개를 숙이다 마지막 남은 돌덩이마저 우물 속에 빠뜨리고 맙니다. 이 때 한스는 슬퍼하기는 커녕 "나는 행복한 사람이야. 더 이상 짐을 지고 가지 않게 해주신 신에게 감사해야겠어!"라고 말하며 어머니가 계시는 집으로 돌아갔다고 합니다. 그렇게 모든 짐에서 해방되고 집으로 돌아온 한스는 운이 좋은 사람을 상징하게 되었답니다.

Beispiel

- Er hat schon wieder im Lotto gewonnen, er ist ein richtiger Hans im Glück.
  그는 또 다시 복권에 당첨되었으니, 정말 운수대통한 사람이다.

Synonym

Sonntagskind; Glückskind

Wörter

das Lotto, -s 복권 | gewinnen-gewann-gewonnen 얻다, 획득하다
das Handy, -s 핸드폰

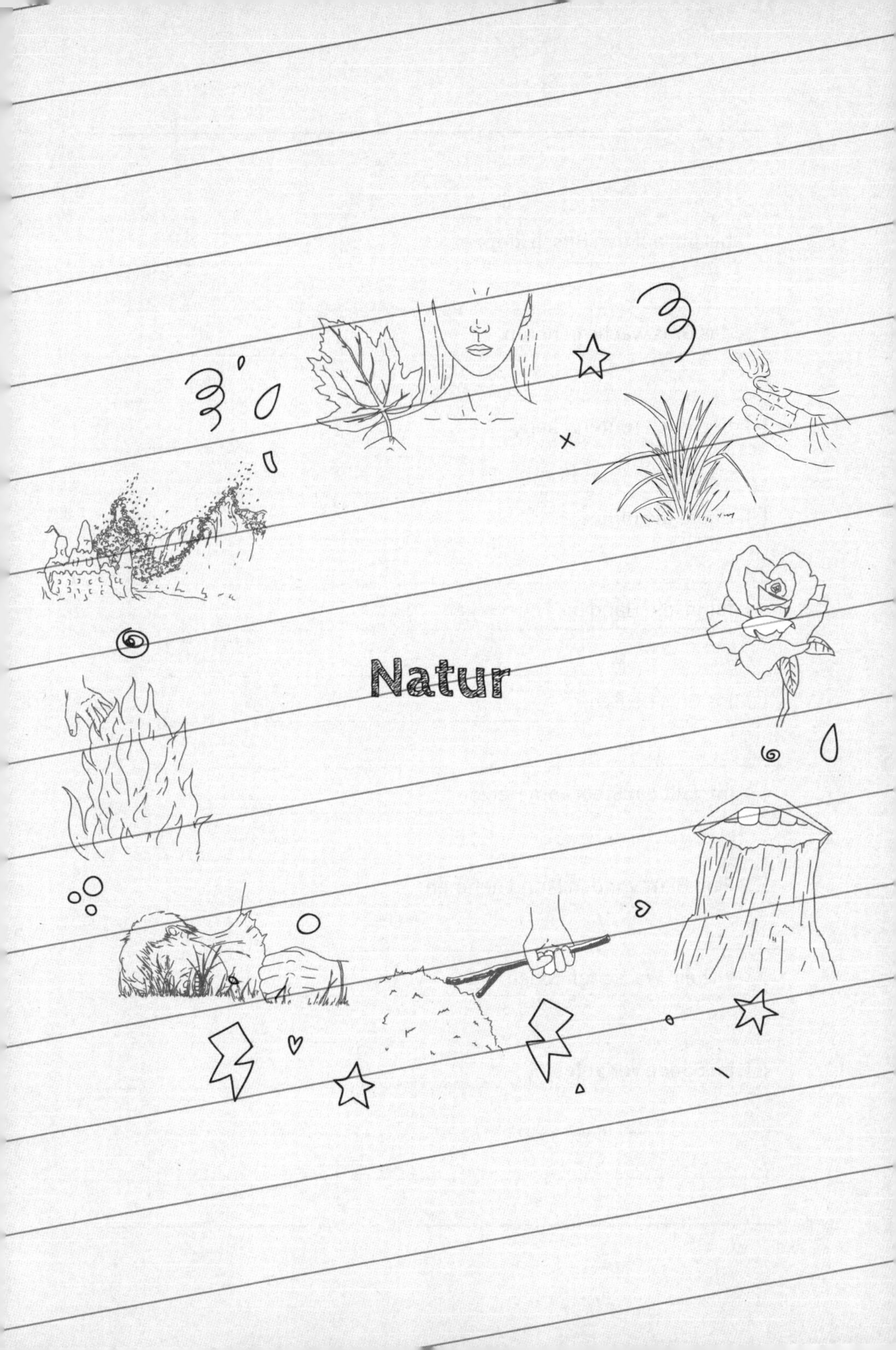

Natur

- ☐ bei jm. auf den Busch klopfen

  :

- ☐ das Gras wachsen hören

  :

- ☐ den Bach runtergehen

  :

- ☐ durch die Blume

  :

- ☐ für jn. die Hand ins Feuer legen

  :

- ☐ ins Gras beißen

  :

- ☐ jm. fällt ein Stein vom Herzen

  :

- ☐ kein Blatt vor den Mund nehmen

  :

- ☐ wie ein Wasserfall reden

  :

- ☐ im Sande verlaufen

  :

bei jm. auf den Busch klopfen

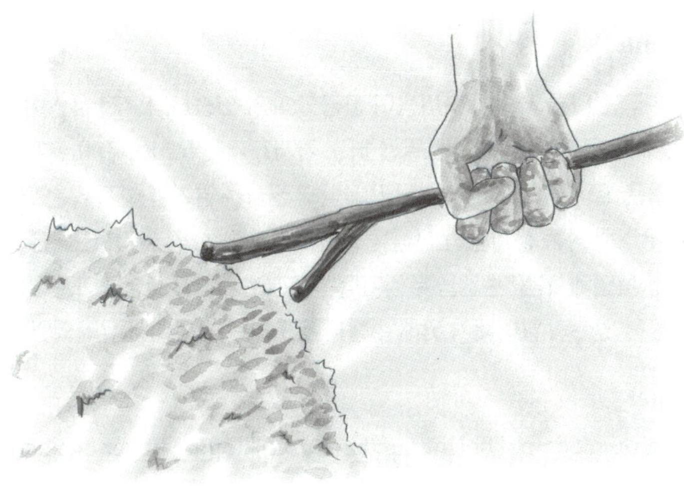

Wörtliche Übersetzung

수풀을 두들기다

Quiz: Was bedeutet „bei jm. auf den Busch klopfen"?

① 누군가의 성미를 건들다
② 의중을 떠보다
③ 엿보다
④ 귀찮게 하다

/ Natur >> 자연 /

Bedeutung (ugs.)

의중을 떠보다

Herkunft

가끔 우리는 다른 사람의 속마음이 궁금할 때가 있습니다. "저 사람이 날 정말 좋아할까?, 무슨 의도로 저런 말을 하는 거지?, 거짓말 하는 건 아닐까?" 이렇게 수많은 고민을 하면서요. 하지만 사람의 진심을 알기란 쉽지 않은 일입니다. 이 때 우리는 종종 상대방의 진심을 알아보기 위해 슬쩍 찔러보는 말을 하기도 합니다. 독일에서는 "수풀을 두들기다"라고 하는데요. 사냥꾼이 수풀 속에 숨은 동물이 있는지 알아내기 위해 수풀을 두드리는 행동에서 유래되었습니다.

Beispiel

- Kannst du nicht mal bei ihr auf den Busch klopfen, ob er uns bei dem Vorhaben hilft?
  우리 계획을 도울 수 있는지 없는지 네가 그의 의중을 좀 떠볼 수 없겠니?

Synonym

js. Gedanken zu etw. erfahren; jm. auf den Zahn fühlen

Wörter

der Busch, -¨e 수풀 | klopfen-klopfte-geklopft 두드리다
ob ~인지 아닌지 | das Vorhaben, - 계획

das Gras wachsen hören

Wörtliche Übersetzung

풀이 자라는 소리를 듣다

Quiz: Was bedeutet „das Gras wachsen hören"?

① 자초지종을 듣다
② 쓸데없는 것에 관심을 두다
③ 눈에 띄지 않는 것을 알아차리다
④ 식물을 잘 돌보다

Bedeutung (ugs.)

눈에 띄지 않는 것을 알아차리다, 지나치게 조심스럽다

Herkunft

이번 관용구의 주인공은 북유럽 신화 속 아스가르드의 파수꾼, 헤임달입니다. 헤임달은 풀과 양 털이 자라는 소리를 들을 만큼 밝은 귀와 밤낮 상관없이 수백 킬로미터 떨어진 것을 볼 만큼 예민한 눈을 갖고 있었습니다. 게다가 미래를 예측할 수 있었죠. 뛰어난 오감을 넘어 육감까지 갖춘 헤임달처럼 풀이 자라는 소리를 듣는 사람은 사소한 낌새를 알아차리고 일이 어떻게 전개될지 아는 날카로운 직감을 가진 사람을 말합니다. 하지만 그 중 몇몇은 극도로 민감하여 아직 일어나지 않은 문제에 대해 지나치게 걱정하고 지레 겁먹습니다. 그래서 이 관용구는 아주 작은 것도 눈치챈다는 뜻과 함께 지나치게 조심스럽다는 의미를 갖고 있습니다.

Beispiel

- Wir müssen das Gras wachsen hören, um die Potenziale frühzeitig zu erkennen.
  가능성을 적시에 알아차리려면 우리는 아주 민감해야 한다.
- Journalisten sind neugierig und hören das Gras wachsen.
  언론인은 호기심이 있고 알려지지 않은 것을 알아차린다.

Synonym

geheime Dinge ahnen; eine Entwicklung frühzeitig erkennen

Wörter

das Potenzial, -e 가능성, 잠재력 | geheim 비밀의, 은밀한
neugierig 호기심이 있는 | frühzeitig 조기의

den Bach runtergehen

Wörtliche Übersetzung

냇물에 떠내려가다

Quiz: Was bedeutet „den Bach runtergehen"?

① 실패하다
② 할 일을 하지 않고 미루다
③ 무관심하다
④ 일이 순조롭게 잘 풀리다

Bedeutung (ugs.)

실패하다

Herkunft

옛날엔 냇가에서 빨래나 설거지를 할 때 빨랫감이나 그릇이 물에 휩쓸려 떠내려가는 일이 종종 있었습니다. 무두장이도 흐르는 강물에 헹구던 가죽을 잃어버리곤 했습니다. 이렇게 손쓸 새 없이 물속으로 떠내려가 버린 물건은 되찾기 어려웠을 것입니다.

냇물에 떠내려가 버리는 물건을 보는 것처럼 실패가 불보듯 뻔한 상황을 독일인들은 "냇물에 떠내려가는구나!" 라고 말합니다. 예를 들어, 야심차게 준비한 프로젝트가 안 좋게 끝날 것 같거나, 많은 자본을 투자하여 설립한 회사가 파산 지경에 이르는 상황에서 이 관용구를 사용합니다.

Beispiel

- Seit der neue Chef da ist, geht die Firma den Bach runter.
  새로운 상사가 온 뒤로부터 회사가 기울기 시작했다.

Synonym

im Niedergang begriffen sein

Wörter

der Chef, -s 상사 | der Niedergang (sg.) 몰락, 쇠퇴

durch die Blume

Wörtliche Übersetzung

꽃으로

Quiz: Was bedeutet „durch die Blume"?

① 낭만적으로
② 은근히
③ 가식적으로
④ 소극적이게

Bedeutung (ugs.)

은근히, 넌지시

Herkunft

유럽에서는 18세기부터 꽃말이 보편화 되어 19세기에 크게 유행하였다고 합니다. 당시 사람들은 진심을 간접적으로 전하고 싶을 때 그 의미를 꽃으로 표표현하였습니다. 예를 들어 멀리 떠나는 친구가 나에게 물망초를 주었다면 그건 나를 잊지 말아달라는 의미인 거죠. 이렇게 사람들은 속마음을 표현하고자 할 때 꽃(말)을 사용하였는데, 여기에서 “넌지시, 간접적으로”라는 뜻으로 이 관용구가 생겨났습니다.

Beispiel

- Ich habe ihm durch die Blume zu verstehen gegeben, dass er alt genug sei, um sein Geld selbst zu verdienen.
  나는 그에게 스스로 돈을 벌기에는 충분한 나이일 거라는 것을 넌지시 말했다.

Synonym

andeutungsweise; verhüllt

Wörter

jm. zu verstehen geben 완곡하게 말하다
verdienen–verdiente-verdient (일하여) 벌다, 얻다

für jn. die Hand ins Feuer legen

Wörtliche Übersetzung

~를 위해 손을 불 안에 놓다

Quiz:Was bedeutet „für jn. die Hand ins Feuer legen"?

① 미쳤다
② 장담하다
③ 경황이 없다
④ 사고가 발생하다

Bedeutung (ugs.)

~을 확신하다, 장담하다

Herkunft

중세에 불을 재판의 도구로 사용하면서 이런 재판을 "불의 판결(Feuerurteil)"이라고 불렀습니다. 피고는 무죄를 입증하기 위해 손을 불 위에 올려 놓아야 했고 화상의 정도에 따라 피고의 죄가 결정되었다고 합니다. 그 중 친구의 무죄를 증명하기 위해 친구를 대신하여 불에 손을 넣어준 믿음직한 사람도 있었죠. 여기에서 이 관용구가 나오게 되었답니다.

여담으로 이 관용구가 언급되면 따라오는 로마의 전설이 있습니다 로마의 장군 무키우스는 에트루리아로부터 로마를 지키기 위해 불에 오른손을 넣으며 고통 속에서도 당당하게, 나 같은 로마인이 300명이 더 있다고 말했다고 합니다. 적국의 왕 포르센나는 무키우스의 용감함을 높이 사 로마를 포위하였던 군대를 철수시켰다고 하네요.

Beispiel

- „Anna hat bei der Prüfung ganz bestimmt nicht bei mir abgeschrieben, sondern das Ergebnis der Aufgabe ganz alleine gewusst! Dafür kann ich meine Hand ins Feuer legen!", sagt Jan und schaut den Lehrer an.
  "안나는 내 답안을 정말 베끼지 않았어요. 정말 혼자 문제 답을 알았어요! 장담할 수 있어요."라고 얀은 말하며 선생님을 쳐다보았다.

Synonym

für jn. einstehen

Wörter

abschreiben-schrieb ab-abgeschrieben 베끼다, 커닝하다
das Ergebnis, -se 결과, 답 | anschauen-schaute an-angeschaut 바라보다
einstehen für jn. 누구를 옹호하다

ins Gras beißen

Wörtliche Übersetzung

풀을 씹다

Quiz: Was bedeutet „ins Gras beißen"?

① 넘어지다
② 채식하다
③ 고통스럽게 죽다
④ 실망하다

Bedeutung (ugs.)

(고통스럽게) 죽다, (비속어) 뒈지다

Herkunft

사람은 살아가면서 수많은 고통을 마주하게 됩니다. 그리스 로마 시인들은 전쟁에서 용사들이 고통스럽게 죽어가는 장면을 beißen(물다)를 사용하여 묘사했는데요.

먼지와 모래가 흩날리는 흙바닥에 쓰러져 최후의 고통을 참으려 이를 악무는 모습을 호메로스는 "먼지를 물다(in den Staub beißen)", 오비디우스는 "모래를 물다(in den Sand beißen)", 베르길리우스는 "땅을 물다(in die Erde beißen)"라고 하였습니다. 이 표현들이 16세기 중반 독일에 와서 „ins Gras beißen"라는 관용구로 정착되었습니다.

Beispiel

- So wie Peter Auto fährt, wird er bald ins Gras beißen.
  페터처럼 차를 운전하면, 그는 곧 죽게 될 거야.
- Lieber Gemüse essen als ins Gras beißen: Mit guter Ernährung kann man vielen Krankheiten vorbeugen.
  죽는 것보다는 채소를 먹는 것이 낫다: 좋은 식습관으로 많은 질병을 예방할 수 있다.

Synonym

sterben; ableben; (salopp) abkratzen; (salopp) verrecken

Wörter

beißen-biss-gebissen 먹다, 물다 | so wie ~처럼 | lieber 차라리
die Ernährung, -en 식습관

jm. fällt ein Stein vom Herzen

Wörtliche Übersetzung

돌이 심장에서 떨어져 나가다

Quiz: Was bedeutet „jm. fällt ein Stein vom Herzen"?

① 누군가를 진심으로 걱정하다
② 한눈에 반해 사랑에 빠지다
③ 근심을 덜게 되어 마음이 가벼워지다
④ 걱정스러운 마음이다

Bedeutung (ugs.)

근심을 덜게 되어 마음이 가벼워지다

Herkunft

누구나 몇날 며칠 고생하며 준비했던 시험이 끝나고 나면 가슴이 뻥 뚫리는 후련함을 느낄 겁니다. 우리나라에서는 이런 상황에서 "앓던 이가 빠진 것 같다"라고 하는데요. 독일에서는 돌이 심장에서 떨어져 나간다고 표현합니다.
이 관용구는 중세시대 죄인이 자백하도록 가슴에 무거운 돌을 올려놓는 무시무시한 고문에서 유래되었다고 합니다. 고문을 참지 못해 죄를 자백하고 풀려난 죄인이 "내 심장에서 돌이 떨어졌어!(Mir fällt ein Stein vom Herzen!)"라고 외쳤다고 하네요. 고문에 사용되던 이 돌은 시간이 지나면서 걱정이나 부담의 상징이 되었습니다.

Beispiel

- Die Operation ist gut verlaufen? Da fällt mir aber ein Stein vom Herzen!
  수술이 잘 되었다고? 그것 참 마음이 놓이는구나!
- Mein Sohn hat das Staatsexamen bestanden. Mir fällt ein Stein vom Herzen.
  내 아들이 국가고시에 합격했어. 난 이제 한 시름 놓았어.

Synonym

von einer Sorge befreit werden

Wörter

die Operation, -en 수술
verlaufen-verlief-verlaufen (일이) 진행되다, 경과하다
das Staatsexamen, -examina 국가시험
bestehen-bestand-bestanden (시험에) 합격하다

kein Blatt vor den Mund nehmen

Wörtliche Übersetzung

입 앞에 나뭇잎을 대지 않는다

Quiz: Was bedeutet „kein Blatt vor den Mund nehmen““?

① 위선적인 태도를 유지하다
② 부끄러워하다
③ 양심 없이 뻔뻔하게 행동하다
④ 생각을 거리낌 없이 솔직히 말하다

Bedeutung (ugs.)

생각을 거리낌없이 솔직히 말하다

Herkunft

대부분의 배우들은 사람들이 자신을 알아봐주면 어깨가 으쓱해질 것입니다. 그러나 고대의 연극 배우들은 자신을 알아보지 않길 바라며 무대에서 커다란 나뭇잎으로 얼굴을 가릴 때가 있었습니다. 주로 외설적인 역할이나 지배층을 풍자하는 배역을 맡을 때였죠. 노골적인 연기에 대한 부끄러움을 견디기 위해 혹은 지배층의 처벌과 문책을 피하기 위해서였습니다. 반면 사람들이 주는 창피도 돌아오는 보복도 두려워하지 않는 용감한 배우도 있었습니다. 이들은 얼굴을 가리지 않고 당당하게 연기를 했지요. 이런 숨김없는 태도에서 "거리낌없이 솔직하게 말하다"라는 관용구가 생겼습니다.

Beispiel

- Falls du Fragen, Kritik oder Anregungen hast, nimm kein Blatt vor den Mund.
  질문이나 비판, 조언할 것이 있다면, 솔직하게 말해줘.

Synonym

direkt sagen; offen reden

Wörter

falls 만일 ~이라면, ~의 경우에는 | die Kritik, -en 비판, 비평
die Anregung, -en 조언, 자극

wie ein Wasserfall reden

Wörtliche Übersetzung

폭포처럼 말하다

Quiz: Was bedeutet „wie ein Wasserfall reden"?

① 폭우가 오다
② 쉴새 없이 말하다
③ 물이 흘러 넘치다
④ 활기가 넘치다

Bedeutung (ugs.)

쉴새 없이 말하다, 수다 떨다

Herkunft

달변가가 말하기 시작하면 청중들은 시간 가는 줄 모른채 홀린듯 듣게 됩니다. 독일에서는 이런 사람을 보고 "폭포처럼 말한다"라고 표현하는데요. 뛰어난 말솜씨를 물이 흘러가는 모습에 비유한 표현은 우리나라를 포함한 다른 나라에서도 찾아볼 수 있습니다. 먼저 우리는 "말을 청산유수(青山流水)로 한다" 라고 말합니다. 푸른 산에 흐르는 맑은 물처럼 말을 매끄럽게 술술 한다는 뜻이지요. 로마 정치인이자 달변가인 키케로와 수사학의 대가 퀸틸리아누스는 "연설의 강(flumen orationis), 단어들의 강(flumen verborum)"이라고 표현했는데요. 이 표현은 후대에도 말을 잘 하는 사람을 칭찬하는 말로 쓰였다고 합니다. 이탈리아 시인 단테도 "끊임없이 늘어놓는 말은 폭포와도 같다"라고 표현했죠.

Beispiel

- Mein Freund redet wie ein Wasserfall, wenn er etwas erzählt und ich komme dann gar nicht zu Wort.
  친구가 무슨 이야기를 할 때 끊임없이 말을 해서 나는 말 한 마디도 못한다.
- Zu Hause redet Franz wie ein Wasserfall. Wenn er aber vor Leuten steht, dann ist er stumm wie ein Fisch.
  프란츠는 집에서는 끊임 없이 말을 하는데, 사람들 앞에 서기만 하면 물고기처럼 벙어리가 된다.

Synonym

viel und schnell reden

Wörter

der Wasserfall, -¨e 폭포 | zu Wort kommen-kam zu Wort-zu Wort gekommen 발언할 기화를 얻다 | stumm 언어 장애가 있는, 말 못하는

im Sande verlaufen

Wörtliche Übersetzung

모래 속에서 (사건, 일이) 흩어지다

Quiz: Was bedeutet „im Sande verlaufen“?

① 허술하게 일을 하다
② 잊어버리다
③ 수포로 돌아가다
④ 번거롭게 하다

Bedeutung (ugs.)

수포로 돌아가다

Herkunft

동요 "햇볕은 쨍쨍"에서 햇빛을 받아 반짝이는 모래알과는 달리 이 관용구의 모래는 부정적인 의미입니다. 열심히 만든 모래성이 단 한 번의 파도에도 부서지고 모래 위로 뿌리는 물은 금세 스며들어 사라지고 마는 것처럼요. 이런 모래에서 진행되는 일이라면 아주 위태로울 것입니다. 누군가 아무 소용이 없는 헛일을 할 때 우리가 "모래 위에 물 쏟는 격이다" 라고 말하듯 독일사람들은 노력이 헛되게 되었을 때 이 관용구를 사용합니다.

Beispiel

- Es wird, wie gewöhnlich, alles wieder im Sande verlaufen.
  여느 때처럼 모든 것이 또 다시 수포로 돌아갔다.
- Unser Vorhaben, ein eigenes Haus zu bauen, verlief im Sande, weil meine Frau krank wurde.
  집을 지으려고 한 우리 계획은 수포로 돌아갔어요. 아내가 병에 걸렸거든요.

Synonym

nicht weiterverfolgt werden; ergebnislos zu Ende gehen

Wörter

wie gewöhnlich 여느 때처럼 | wachsend 증대하고 있는
normalerweise 대개, 일반적으로 | zur Folge haben 어떤 결과를 낳다
der Druck (심리적인) 중압감, 부담감

Tiere

Datum: . .

- ☐ Schwein haben

:

- ☐ aus einer Mücke einen Elefanten machen

:

- ☐ da lachen ja die Hühner

:

- ☐ da liegt der Hase im Pfeffer

:

- ☐ die Katze aus dem Sack lassen

:

- ☐ eine falsche Schlange

:

- ☐ einen Frosch im Hals haben

:

- ☐ Eulen nach Athen tragen

:

- ☐ seinem Affen Zucker geben

:

- ☐ zwei Fliegen mit einer Klappe schlagen

:

Schwein haben

Wörtliche Übersetzung

돼지를 가지다

Quiz: Was bedeutet „Schwein haben"?

① 살이 찌다
② 더러운 것이 묻다
③ 횡재하다
④ 돼지로 요리 하다

Bedeutung (ugs.)

횡재하다, 뜻밖의 행운을 만나다

Herkunft

우리나라 농촌에서 소를 큰 재산으로 여겼던 것처럼 독일 농촌에서는 돼지를 많이 키우는 집을 부유한 농가로 여겼습니다. 흑사병과 전쟁으로 고통 받은 시절, 사람들은 풍요로웠던 과거를 회상하며 "돼지를 가졌었지(Schwein gehabt)"라고 말하기도 했습니다. 이렇듯 독일에서 돼지는 재물과 풍요의 상징이었습니다. 돼지가 귀하게 여겨지는 건 독일 전통 카드놀이 Daus에서도 마찬가지입니다. 종 두 개와 하트 두 개 그리고 돼지가 함께 그려진 Sau(암돼지)카드가 제일 높은 점수의 카드라고 하네요.

또한 중세 독일 활 쏘기 대회에서는 위로상으로 돼지를 주었다고 합니다. 순위권에 들지 못한 사람이 돼지를 받았다니 그 사람은 뜻밖의 행운을 만난 거겠죠.

Beispiel

- Bei der Fahrkartenkontrolle hat Sven Schwein gehabt, dass die Kontrolleur ausstiegen, als er einstieg. Denn er hatte keine Fahrkarte.
  차표검사 때 스벤은 운이 좋았다. 검표원들이 내리자 그가 차에 올랐다. 그는 차표가 없었던 것이다.

Synonym

Glück haben

Wörter

die Fahrkartenkontrolle, -n 차표검사

aus einer Mücke einen Elefanten machen

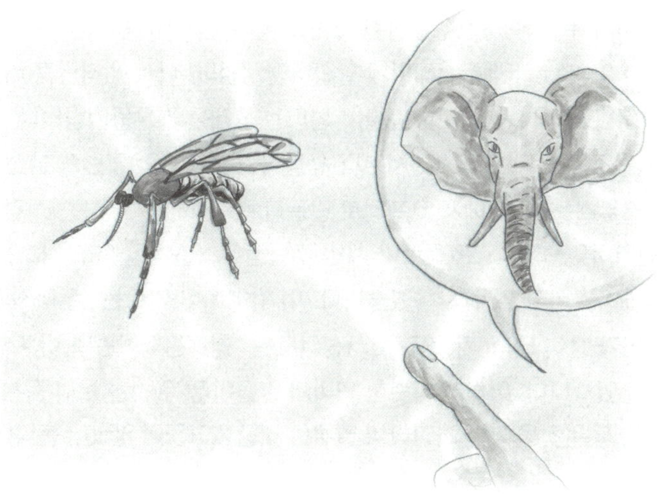

Wörtliche Übersetzung

모기를 코끼리로 만들다

Quiz: Was bedeutet „aus einer Mücke einen Elefanten machen" ?

① 성가신 일이 생기다
② 작은 일을 과장하여 말하다
③ 큰 행운을 얻다
④ 오해하여 분쟁이 생기다

/ Tiere >> 동물 /

Bedeutung (ugs.)

작은 일을 크게 과장하여 말하다

Herkunft

한 아이가 눈앞에 있는 조그마한 모기를 뚫어져라 쳐다봅니다. 모기가 날아가 버리자 아이는 엄마에게 해맑게 말합니다. "엄마! 나 코끼리만큼 커다란 벌레를 봤어! 그런데 휙 날아가버렸어!" 엄마는 고개를 갸우뚱거립니다.
이 관용구는 고대 그리스에서부터 사용되었습니다. 네덜란드 출신 인문학자 에라스무스는 "파리에서 코끼리로 만든다(Elephantum ex musca facis)." 라고 라틴어로 번역하였습니다. 고대 로마 시인 푸블리우스 오비디우스 나소는 "냇물이 강이 되다" 라고 말을 사용했습니다. 이 밖에도 영어로는 "두더지가 파 놓은 흙더미가 산이 되다"가 있고 고사성어로는 "침소봉대(바늘만한 것을 몽둥이만큼 크게 말한다)"가 있습니다. 이렇게 비슷한 의미의 말들이 많은 것을 보니 동서고금을 막론하고 작은 것을 크게 과장하여 말하는 허풍쟁이들이 많았나 봅니다.

Beispiel

- Bernd : Papa, ich habe heute eine Fünf in Mathe bekommen. Ich werde nie das Abitur schaffen.
  Vater : Ach komm, du machst aus einer Mücke einen Elefanten. Das Abi machst du erst in drei Jahren!
  베른트: 아빠, 나 오늘 수학(시험)에서 5점을 받았어요. 나 아비투어를 잘 해낼 수 없을 거예요.
  바터: 아, 넌 작은 일을 크게 과장하는구나. 아비까지는 3년이나 남았잖니!

Synonym

übertreiben; angeben; das große Wort führen; prahlen

Wörter

das Abitur, -e 고등학교 졸업 시험, 대학 입학 자격 시험

da lachen ja die Hühner

Wörtliche Übersetzung

닭들이 웃다

Quiz: Was bedeutet „da lachen ja die Hühner"?

① 말이면 다야?
② 거짓말하고 있네
③ 아침이야 일어나
④ 바보같은 소리 하지마

Bedeutung (ugs.)

바보 같은 소리하지 말아라

Herkunft

2017년 IQ Research의 통계에 따르면 우리나라 사람들의 평균 IQ는 106으로 전 세계에서 3위, 독일 사람들의 평균 IQ는 99로 전 세계에서 8위라고 합니다. 동물은 어떨까요? 가장 IQ가 높다고 알려진 침팬지는 인간과 비슷하다고 하네요. 반면 IQ가 낮은 동물은 조류와 어류라고 합니다. 그 중 닭은 IQ가 5~10 정도로 매우 낮습니다. 우리나라에서 머리가 나쁜 사람을 "닭 대가리"라고 비아냥 거리죠. 독일에서도 닭은 IQ가 아주 낮은 동물의 대명사입니다. 그래서 누군가 바보같은 소리를 하고 있을 때 "닭들이 웃는다"라고 말합니다. 이 관용구는 20세기 초반에 처음으로 문헌에도 등장하여 알려지기 시작했다고 하는데요. 닭조차 비웃을 정도로 말도 안 되는 소리를 한다는 것을 돌려서 말하는 것이겠지요. 우리나라에서는 "지나가던 개"가 웃는데 독일에서는 "닭"이 웃는군요. 재미있는 것은 구어에서는 „lachen(웃다)"를 „gackern(수탉이 울다) "이라고도 한다는 점입니다.

Beispiel

- Thomas: Denk positiv!
  Lea: Denk positiv? Da lachen ja die Hühner. Sie haben mich gefeuert!
  토마스: 긍정적으로 생각해!
  레아: 긍정적으로 생각하라고? 웃기는 소리하네. 나 해고당했거든!

Synonym

das ist einfach lächerlich; unsinnig

Wörter

feuern-feuerte-gefeuert (직장에서) 해고하다/자르다

da liegt der Hase im Pfeffer

Wörtliche Übersetzung

후추 안에 토끼가 있다

Quiz: Was bedeutet „da liegt der Hase im Pfeffer"?

① 숨어 있는 것을 찾아내다
② 그것이 결정적인 문제이다
③ 동물을 키우다
④ 최고의 요리를 하다

Bedeutung (ugs.)

그것이 결정적인/근본적인 문제이다

Herkunft

독일에는 중세부터 만들어 먹었던 "하젠페퍼(Hasenpfeffer)"라는 요리가 있는데요. 후추로 양념한 토끼고기 스튜입니다. 이 요리는 고기를 잘게 쓸고 더구나 후추향이 강해서, 미리 재료를 알지 못하면 토끼고기인지 알아채기 힘들었다고 합니다.

이 관용구는 한 번 맛보고 무슨 요리인지 알기 힘든 점에 빗대어 막연한 상황에서 결정적인 문제점을 찾아냈을 때 사용하게 되었습니다.

Beispiel

• Das liegt alles an dir. Nie kannst du zugeben, wenn du dich falsch verhalten hast. Da liegt der Hase im Pfeffer!
이것은 다 네 탓이야. 네가 잘못된 행동을 했을 때에도 너는 아무것도 인정하지 않았어. 문제는 바로 거기에 있는 거야!

Synonym

der Kern der Sache; das ist der springende Punkt

Wörter

es liegt an jm. ~의 책임이다
zugeben-gab zu-zugegeben 시인하다, 인정하다
sich verhalten-verhielt-verhalten 행동하다

die Katze aus dem Sack lassen

Wörtliche Übersetzung

고양이를 자루 밖으로 꺼내다

Quiz: Was bedeutet „die Katze aus dem Sack lassen"?

① 깜짝 놀래다
② 비밀을 누설하다
③ 선물하다
④ 고양이와 놀아주다

Bedeutung (ugs.)

비밀을 누설하다, 의도를 알게 하다

Herkunft

예나 지금이나 손님을 속여 부당한 이익을 얻으려고 했던 상인은 항상 있었나 봅니다. 중세에는 고양이를 자루에 넣고 더 값비싼 새끼 돼지나 집토끼라고 속여 판 상인들이 있었습니다.

여기에서 "속아서 사다"라는 뜻의 관용구, "자루에 든 고양이를 사다(die Katze im Sack kaufen)"가 생겼습니다. 그런데 만약 자루에서 고양이를 꺼냈다면 상인의 속임수가 들통났겠죠. 그래서 이 관용구는 "사기행위를 폭로하거나 비밀을 들추어낸다"라는 의미로 쓰이게 되었습니다.

Beispiel

- Gestern ließ Anke die Katze aus dem Sack und verkündete die Trennung von ihrem Freund. Dabei wollten sie im Winter heiraten.
  어제 안케는 남자친구와 헤어졌다는 말을 털어놓았다. 그들은 겨울에 결혼하려고 했었는데.

Synonym

eine geheim gehaltene Tatsache bekannt geben

Wörter

verkünden-verkündete-verkündet 알리다, 공포하다
die Trennung, -en 별거

eine falsche Schlange

Wörtliche Übersetzung

나쁜 뱀

Quiz: Was bedeutet „eine falsche Schlange"?

① 새치기하는 사람
② 사기꾼
③ 땅꾼
④ 마법사

Bedeutung (ugs.)

(이 관용구는 여성에게만 사용됨) 사기꾼, 위선자, 거짓말쟁이

Herkunft

아주 옛날부터 뱀은 인간을 유혹하고, 해치는 사악한 존재로 묘사됐습니다. 성경에서 최초의 인간 아담과 이브는 뱀이 꼬드김에 넘어가 에덴동산으로부터 쫓겨납니다. 북유럽 신화에서 거대한 뱀 요르문간드는 세계의 종말을 불러오는 전투 라그나로크에서 바다와 하늘에 독을 내뿜으며 세계를 파괴합니다.
독일에서는 뱀이 표정이 없기 때문에 어떠한 생각을 가지고 있는지 알 수 없고, 조용히 다가와 순식간에 먹이를 채가는 모습을 보고 교활하다고 생각했습니다.

Beispiel

- Carola: Ich finde die neue Kollegin sehr nett.
  Doris: Was? Gestern hat sie so schlecht über dich gesprochen.
  Pass auf, sie ist eine falsche Schlange!
  카롤라: 새로 온 동료 참 괜찮은 사람인 것 같아.
  도리스: 뭐라고? 어제 너를 나쁘게 말하던데. 조심해, 엉큼한 사람이니까.

Synonym

eine unaufrichtige; hinterlistige Person

Wörter

die Kollegin, -nen 여동료
schlecht über jn. sprechen 누구에 대하여 나쁘게 말하다

einen Frosch im Hals haben

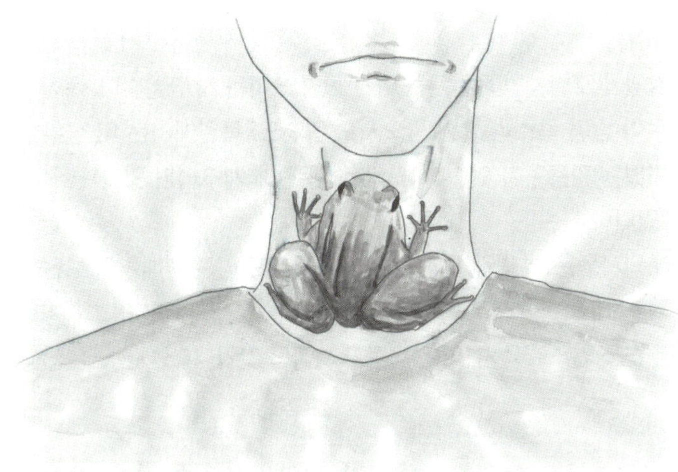

Wörtliche Übersetzung

목안에 개구리를 가지다

Quiz: Was bedeutet „einen Frosch im Hals haben"?

① 목이 잠기다
② 구역질이 나다
③ 목소리를 이상하게 만들어 소리내다
④ 노래 부르다

/ Tiere >> 동물 /

Bedeutung (ugs.)

목이 잠기다

Herkunft

모든 감기가 그렇지만 목감기는 여간 신경 쓰이는 게 아닙니다. 목감기가 심해지면 목이 잠겨 목소리가 잘 나오지도 않지요. 독일에서는 이 상황을 표현하는 재미있는 관용구가 있습니다. 바로 "목안에 개구리가 있다(einen Frosch im Hals haben)"입니다.

옛날에 의사들은 혀 아래에 생기는 멍울이 개구리 아랫배처럼 보인다고 해서 "작은 개구리(Ranula)"라는 명칭을 붙였습니다. 그래서 라틴어 "개구리(Rana)"를 독일어 „Frosch"로 옮겨, 이 관용구가 생겨난 것입니다.

Beispiel

- Sie hatte vor Rührung einen Frosch im Hals und musste sich furchtbar zusammennehmen, um nicht loszuheulen.
  그녀는 감격에 목이 메었고 울음을 터트리지 않기 위해 필사적으로 참아야만 하였다.

Synonym

heiser sein

Wörter

die Rührung, -en 감동, 감격 | furchtbar 몹시, 대단히

sich zusammennehmen-nahm zusammen-zusammengenommen 정신을 차리다, 생각을 가다듬다

losheulen-heulte los-losgeheult 울음을 터트리다, 울부짖기 시작하다

Eulen nach Athen tragen

Wörtliche Übersetzung

부엉이를 아테네로 가지고 가다

Quiz: Was bedeutet „Eulen nach Athen tragen"?

① 현명하게 대처하다
② 밤을 꼬박 새다
③ 무의미한 짓을 하다
④ 밤새 무언가에 매진하다

Bedeutung (ugs.)

무의미한/쓸데없는 짓을 하다

Herkunft

그리스 로마 신화 속의 지혜의 여신 아테나는 늘 부엉이를 데리고 다녔다고 합니다. 어두운 밤에도 낮처럼 볼 수 있는 부엉이의 큰 눈처럼, 지혜를 상징하는 아테나 여신 또한 언제나 빛나는 눈을 가진 여신으로 불렸지요.

아테나는 고대 그리스 도시국가 아테네에서 사랑 받는 수호신이었고 부엉이는 도시의 상징이었습니다. 도시 곳곳에 부엉이 조각과 그림이 있었고 은화 뒷면에도 새겨져 있었습니다. 이미 부엉이가 가득한 "아테네로 부엉이를 가지고 가는 것"은 무의미한 행동을 하는 거겠죠.

Beispiel

- Hans: Was? Du willst Anja ein Kochbuch schenken?
  Fritz: Ja, warum nicht?
  Hans: Das hieße Eulen nach Athen tragen. Sie ist doch Köchin und hat ein ganzes Regel voll mit Kochbüchern aller Art.
  한스: 뭐라고? 안야에게 요리책을 선물하겠다고?
  프리츠: 그게 어때서?
  한스: 쓸 데 없는 짓이란 말이야. 걔가 주방장이라 책장 가득 모든 종류의 요리책이 있거든.

Synonym

etw. Sinnloses / Überflüssiges tun

Wörter

das Kochbuch, -¨er 요리책 | regalvoll 책장 가득히 | die Art, -en 종류

seinem Affen Zucker geben

Wörtliche Übersetzung

원숭이에게 설탕을 주다

Quiz: Was bedeutet „seinem Affen Zucker geben"?

① 군것질하다
② 능숙하게 해내다
③ 제멋대로 하게 하다
④ 길들이다

Bedeutung (ugs.)

제멋대로 하게 하다

Herkunft

옛날 독일 장터에서는 원숭이가 음악에 맞춰 재주 부리는 공연을 종종 볼 수 있었습니다. 특히 칼을 갈아 주는 사람들은 기다리는 고객을 위해 유럽에서 흔히 볼 수 없는 원숭이를 데리고 다녔다고 합니다. 그리고 원숭이가 신나게 재주 부릴 수 있도록 설탕을 주었다고 합니다.

이 관용구에서 원숭이는 사람 내면의 경향, 기질을 상징하며, 기질에 "설탕"을 준다는 의미는 자신의 기질을 마음껏 펼치게 해준다는 뜻입니다.

Beispiel

- Ich will heute was erleben, was nicht jeden Tag passiert! Einmal möchte ich meinem Affen Zucker geben! Was erleben, was mir imponiert.
  오늘은 매일 일어나지 않는 일을 경험해보고 싶어! 한번 내 마음대로 하고 싶어! 감탄할 만한 경험 말이야.

Synonym

der Eitelkeit / Marotte nachgeben

Wörter

erleben-erlebte-erlebt 경험하다
passieren-passierte-passiert 일어나다, 발생하다
imponieren-imponierte-imponiert 감탄의 마음이 생기게 하다
die Eitelkeit, -en 허영심 | die Marotte, -n 특이한 습관, 유별난 기호

zwei Fliegen mit einer Klappe schlagen

Wörtliche Übersetzung

한번의 때림으로 두 마리의 파리를 잡다

Quiz: Was bedeutet „zwei Fliegen mit einer Klappe schlagen"?

① 귀찮은 일을 해치워 버리다
② 우연찮게 성공하다
③ 어떤 일을 두 배로 하다
④ 일거양득 하다

Bedeutung (ugs.)

일거양득/일석이조 하다

Herkunft

이 관용구는 이미 오래 전부터 비슷한 표현이 많았기에 그 기원은 정확하지 않습니다. 하지만 그림형제의 동화 중 하나인 <용감한 꼬마 재봉사(Das tapfere Schneiderlein)>의 "한 방에 일곱!"이라는 말에서 유래되었다는 설이 가장 유력합니다. 재봉사인 주인공이 한 번에 파리 일곱마리를 잡아 의기양양해져 허리띠에 "한 방에 일곱!" 문구를 새긴 것이 큰 오해를 사 공주와 결혼하여 왕이 되었다는 내용입니다. 어떻게 파리를 잡아 공주와 결혼해 왕이 될 수 있던 걸까요? 이번 기회에 용감한 꼬마 재봉사를 한 번 읽어 보시는 건 어떠세요? 이 관용구는 여러 문제를 한번에 해결한다 라는 의미로 쓰이며, 우리 나라에서는 일석이조 라고 합니다.

Beispiel

- Wenn du jetzt joggen gehst, schlägst du zwei Fliegen mit einer Klappe: Es ist gesund und du bekommst den Kopf vom Lernen frei!
  너가 지금 조깅을 가면 넌 일거양득이 될 거야. 건강도 챙기고 공부로 꽉찬 머리도 맑아지고!

Synonym

zwei Aufgaben mit einer einzigen Maßnahme erledigen

Wörter

joggen-joggte-gejoggt 조깅하다 | gesund 건강한
bekommen-bekam-bekommen 얻다, 받다 | der Kopf, -¨e 머리
frei 자유로운

참고문헌

Brucker, Bernd (2016): Was weiß der Geier? Bedeutung & Herkunft von Redewendungen, München: Basseramnn

Bünting Karl-Dieter (1995): Redensarten, Sprichwörter, geflügelte Worte, Chur: Isis Verlag

Dudenredaktion (2017): Zitate und Aussprüche: Herkunft und aktueller Gebrauch, 4. Aufl., Duden 12, Berlin: Dudenverlag

Golluch, Norbert (2016): Endlich nicht mehr nur Bahnhof verstehen, sonder wissen, wo der Hase im Pfeffer liegt. Das Redewendung-Erklärungsbuch, München: riva Verlag

Drosdowski, Günther/Scholze-Stubenrecht, Werner (2012): Redewendungen: Wörterbuch der deutschen Idiomatik, 4. Neu bearb. und aktualisierte Aufl.,Duden 11, Berlin: Dudenverlag

Herzog, Annelies (1993): Idiomatische Redewendungen von A-Z. Ein Übungsbuch für Anfänger und Fortgeschrittene, Berlin [u.a.]: Langenscheidt

Kube, Sigi (2011): Wie kommt die Katze in den Sack und was weiß der Kuckuck davon? Tierische Redewendungen und ihre Bedeutung, München: Wilhelm Heyne Verlag

Krüger-Lorenzen, Kurt (1995): ...aus der Pistole geschossen - Deutsche Redensarten - und was dahintersteckt, Augsburg: Econ-Verlag

Krüger-Lorenzen, Kurt (1995): Das geht auf keine Kuhhaut - Deutsche Redensarten - und was dahintersteckt, Augsburg: Econ-Verlag

Krüger-Lorenzen, Kurt (1995): Der lachende Dritte - Deutsche Redensarten - und was dahintersteckt, Augsburg: Econ-Verlag

Loskant, Sebastian (2012): Es ist nicht alles Holz, was glänzt. Die erstaunliche Herkunft unserer Redewendungen, München: Bertelsmann

Reader's Digest (Hrgs.) (2013): Deutsche Redewendungen und was dahintersteckt. Ursprung und Bedeutung von über 700 Sprichwörtern, Stuttgart: Verlag das Beste

Seidel, Wolfgang (2011): Wie kam der Sturm ins Wasserglas? Zitate, die zu Redewendungen wurden. München: dtv

Wagner, Gerhard (2011): Das geht auf keine Kuhhaut. Redewendungen aus dem Mittelalter. Stuttgart: Theiss

인터넷사이트

http://uli.söhnel.info/redewendungen/122.php
http://de.wiktionary.org/wiki
http://de.wikipedia.org
http://sprachen-blog.de
http://universal_lexikon.deacademic.com
http://www.br.de/themen/wissen/sprichwoerter-redensarten-redewendungen
http://www.cosmiq.de/qa/show/1744108
http://www.federfuchser.info/news/2010/abnehmen_und_aufbehalten_des_hutes
http://linkliste.000webhostapp.com/redewendungen.php
https://www.redensarten_index.de
http://www.sprichwoerter_redewendungen.de/redewendungen
http://www.wissen.de/redewendung
http://www.wissen.de/wortherkunft
https://www.openthesaurus.de
http://dedic.naver.com
http://www.synonyme.de
http://www.linquee.com
http://www.phraseo.de
http://www.dict.cc
http://uli.söhnel.info
http://magazin.sofatutor.com
http://www.duden.de
http://www.geo.de/geolino/redewendungen
http://www.resorti.de
http://www.bild.de
http://www.ewattingen.com
http://fami.osz-louise-schroeder.de/Projekt_Medizinische_Redewendungen.pdf
https://www.mundmische.de

http://synonyme.woxikon.de

http://www.gigers.com

https://www.swr.de/blog/1000antworten/antwort/13535/woher-kommt-der-ausdruck-jemandem-die-daumen-drucken

https://www.google.co.kr

https://www.dwds.de

https://sprachlupe.wordpress.com

http://janpanev.com

http://synonyme.woxikon.de

http://www.linguee.com

https://www.focus.de/wissen/mensch/sprache/schwein-gehabt-daher-kommt-die-redewendung_id_6776465.html

https://www.abendblatt.de/ratgeber/wissen/article111262903/Woher-stammt-der-Ausdruck-einen-Frosch-im-Hals-haben.html

https://www.hexenmix.de/plaintext/diverse/redewendungen-des-mittelalters/index.php

http://www.faz.net/aktuell/wirtschaft/netzwirtschaft/erklaervideos-vom-arzt-doktor-youtube-14332664-p2.html

https://www.focus.de/wissen/mensch/sprache/schwein-gehabt-daher-kommt-die-redewendung_id_6776465.html